Bernhard Schön / Gisela Walter

Weihnachtliche Feste anders gestalten

Spielerische Aktivitäten, Lieder, Geschichten, Infos und Planungshilfen

Illustrationen: Christiane Hannecke

Ökotopia Verlag, Münster

Impressum

AutorInnen: Bernhard Schön und Gisela Walter
Illustratorin: Christiane Hannecke
Lektorin: Barbro Garenfeld
Satz: Studio Bandur, Idstein-Wörsdorf
ISBN: 3-936286-48-5

2 3 4 5 6 7 8 9 · 10 09 08 07 06 05

Alle Lieder dieses Buches gibt es auf der CD:
Ich freue mich noch mehr
Lieder, Gedichte und Geschichten zur Weihnachtszeit
ISBN: 3-936286-49-3

Inhalt

Düfte, Geheimnisse, Aufregung, Erwartungen ...

Weihnachten ist ein wichtiges Fest für Kinder und Familien, und es kann zum schönsten Ereignis und zum unvergesslichen Erlebnis werden. Zum Weihnachtsfest gehören Düfte, Geheimnisse, Aufregung, Erwartungen, viele Leckereien und die Freude bei der gemeinsamen Vorbereitung. So ist es auch uns gegangen, als wir um die Weihnachtszeit des letzten Jahres begonnen haben, uns die Geschichten für dieses Buch auszudenken, die ersten Plätzchenrezepte ausprobierten, die Lieder, Spiele und Bastelsachen auswählten.

Das Ergebnis sind acht ausgearbeitete Vorschläge für Feste in der Vorweihnachts- und Weihnachtzeit mit

* Anleitungen für die Festgestaltung,
* Bastelvorschlägen, Aktionen, Rezepten und Spielideen,
* vielen überraschenden Informationen und Kuriosem rund ums Thema,
* Geschichten und Gedichten zum Vor- und Selberlesen und
* traditionellen und neuen Liedern.

Die Feste können im Kindergarten oder in der Grundschule vorbereitet und dort oder zu Hause umgesetzt werden. Interessierte Eltern werden viele unserer Anregungen auch mit ihren Kindern zu Hause realisieren. Die einzelnen Vorschläge zu den Festen sind wie Baukastenteile. Deshalb kann jeder Themen-Bausteine aus allen Kapiteln auswählen und anders zusammensetzen, gerade so, wie es ihm gefällt. Ein Hinweis zur Schreibweise: Wir verwenden die neue Rechtschreibung, außer in historischen Texten (z. B. dem Lukasevangelium nach Luther) und in Gedichten und Liedern, bei denen die originale Schreibweise der Verfasser beibehalten wurde.

Auf Altersangaben haben wir verzichtet. Sie werden als Eltern, ErzieherInnen oder LehrerInnen selbst besser wissen, welche Anregungen Ihre Kinder schon umsetzen können.

Ein Wort noch zur Tradition der weihnachtlichen Feste. Bei Gesprächen mit Bekannten und im Verwandtenkreis stellten wir immer wieder fest, wie unterschiedlich die Vorstellungen über den „richtigen" Nikolaus oder das „klassische" Weihnachten waren; unsere Recherchen in der kulturhistorischen Literatur bestätigten diesen Eindruck. Dass es ganz verschiedene Nikolaus- und Weihnachtsmann-Gestalten gibt und die Traditionen von Familie zu Familie, von Region zu Region andere sind, zeigt nur, wie lebendig Bräuche von den Menschen angenommen und verändert werden.

Bernhard Schön und Gisela Walter

Adventsfest

Kinder feiern mit besonderen Gästen ein Adventsfest

Schwerpunkt-Themen

* Advent
* Adventskranz
* Adventskalender
* Warten auf Weihnachten

Von Holzreifen, alten Bräuchen und frühen Lebkuchen

Ein Holzreifen wird zum Adventskranz

Was ist Advent? Es gibt keinerlei Hinweise in der Bibel über diese Zeit, und seit wann Advent gefeiert wird, wissen auch die Fachleute nicht genau. Der erste Adventskranz wird dem großen Sozialpädagogen Johann Hinrich Wichern zugeschrieben. Er soll ihn 1839 in dem von ihm gegründeten Heim für verwaiste und verwahrloste Kinder und Jugendliche, dem „Rauhen Haus" in Hamburg, aufgehängt haben: einen wagenradgroßen, einfachen Holzreifen, mit vier großen weißen und zwanzig kleinen roten Kerzen. Bei der täglichen Morgenandacht wurde vom 1. Dezember an erst eine, dann jeweils eine weitere Kerze angezündet. Die großen weißen Kerzen brannten an den Adventssonntagen.

Diesem Adventskranz fehlte das für uns heute selbstverständliche Grün. Dabei sind immergrüne Zweige – das Symbol für Lebenskraft – schon lange vor der Verbreitung des Christentums, z. B. von den Germanen, benutzt worden, um Haustüren und Ställe in der Zeit vor der Wintersonnenwende zu schmücken und die Familien vor bösen Geistern zu bewahren. Lichter sollten die Angst vor der Dunkelheit

vertreiben. Die Reifenform, ebenfalls ein altes, „heidnisches" Symbol, steht für das Sonnenrad. Zunächst bekämpften die Kirchenvertreter solchen „Aberglauben". Aber seit rund 100 Jahren gehört der Adventskranz nicht nur in die meisten Haushalte, sondern hängt während der Vorweihnachtszeit auch in allen Kirchen. Zu den heute üblichen vier roten Kerzen auf dem Adventskranz wird manchmal noch eine fünfte, weiße Kerze in die Mitte gestellt, die Christkerze, die die Geburt Jesu symbolisiert und an Heiligabend angezündet wird.

Lebkuchen gab es schon im Mittelalter

Noch bis ins 18. Jh. hinein wurde vor Weihnachten gefastet. Auch diese Reinigung des Körpers sollte vor bösen Mächten schützen, die noch einmal vor der Geburt des Erlösers aktiv werden könnten.

Innere Einkehr und magere Kost im Dezember – das können wir uns heute kaum mehr vorstellen, wo bereits im Oktober die ersten Lebkuchen in den Supermärkten auftauchen und sich die Kirchen verzweifelt gegen einen „Frühstart in die Weihnachtszeit" wehren und um die Beachtung der stillen Gedenktage im November (Buß- und Bettag, Volkstrauertag, Totensonntag) bitten.

Ein für uns klassisches Weihnachtsgebäck, die Leb- oder Pfefferkuchen, sind auch früher schon lange vor Weihnachten, womöglich sogar das ganze Jahr über, angeboten worden: Die ersten wurden bereits im Mittelalter gebacken, als die Menschen auf den Märkten exotische Gewürze kaufen konnten. Kardamom, Zimt, Nelken und Pfeffer wurden reichlich verwendet und in einem Teig verarbeitet, der in einer langwierigen Prozedur aus geklärtem Honig, viel dunklem Mehl und einem wochenlangen Gärungsprozess entstand. Hunderte von verschiedenen Gewürzmischungen sind überliefert. Es gab sogar eine eigene Zunft, deren Mitglieder sich ausschließlich mit der Herstellung der Honigkuchen beschäftigten: die Lebzelter oder Lebküchler. Und dass unter den verschiedenen Formen, in die der zähe Teig gegossen oder gepresst wurde, das Herz nach wie vor zu den Favoriten gehört, erinnert ebenfalls an die von Jahreszeiten unabhängige Produktion: Auf den Jahrmärkten können wir sie heute noch kaufen, mit Sinnsprüchen aus farbigem Zuckerguss oder mit bunt bedruckten Oblaten beklebt – eine Mode, die im 19. Jh. aufkam.

Bräuche in der Zeit vor Weihnachten

Schon in vorchristlicher Zeit entstanden Bräuche, die sich z. T. bis heute gehalten haben und inzwischen mit christlicher Symbolik aufgeladen worden sind.

Am *Tag des Heiligen Andreas* (30. November) endete bis ins 9. Jh. das Kirchenjahr. An diesem wie auch am *Tag des Apostels Thomas* (mit der anschließenden längsten Nacht vom 21. auf den 22. Dezember) sollte es möglich sein, in die Zukunft zu schauen. Dafür wurden halbe Äpfel oder getrockneter Leinsamen unters Kopfkissen gelegt, Spruche aufgesagt oder auch Blei gegossen. Am Vorabend der Thomasnacht wurde Glück bringendes Früchtebrot gebacken, das erst zu Weihnachten angeschnitten werden durfte. Und während der gesamten Zeit spukten nach uraltem Glauben alle möglichen finsteren Gestalten durch die Nächte.

Der Brauch, am 4. Dezember, dem *Barbaratag*, knospende Zweige vom Kirschbaum (oder von anderen Obstbäumen zu schneiden und im Warmen in eine Vase mit Wasser zu stellen, hat sich bis heute gehalten. Auch damit verbanden die Menschen eine Orakelfunktion: Blühten die Zweige zu Weihnachten auf, so bedeutete das besonderes Glück oder reiche Obsternte fürs nächste Jahr.

Am 13. Dezember wird das *Fest der Heiligen Luzia*, der Lichterkönigin, in Schweden besonders gefeiert (➤ S. 65). In Süddeutschland und Österreich trat sie als Gabenbringerin auf und beschenkte in einigen Regionen speziell die Mädchen (während die Jungen vom Nikolaus ihre Geschenke erhielten).

Das bedeutendste Fest der Vorweihnachtszeit, den Nikolausabend, behandeln wir im nächsten Kapitel ausführlich (➤ S. 20 ff.).

Auch das noch!

Der Adventskalender ist auch nicht mehr das, was er einmal war: Statt dass die Kinder (und Erwachsenen) jeden Morgen ein Türchen öffnen, hinter dem ein kleines Stück Schokolade oder eine andere Überraschung verborgen ist, klicken sie an ihrem Computer z. B. die Suchmaschine „Google" an und geben als Suchwort „Adventskalender" ein. In Bruchteilen von Sekunden werden über 100.000 Fundstellen nachgewiesen. Das reicht dann von einer Gemeinschaftsaktion der Kirchen bis zu kleinen Geschichten unbekannter Web-Autoren, die in 24 Häppchen gereicht werden.

Der kleine goldene Schlüssel

Bernhard Schön, nach einem Märchen der Brüder Grimm

Der richtige Winter begann in diesem Jahr schon in der ersten Dezemberwoche. Es fing an zu schneien, der Schnee fiel in dichten Flocken den ganzen Tag über. Und die Mutter schickte am nächsten Morgen den kleinen Jungen mit seinem Schlitten in den Wald, Holz zu holen.

Er musste lange suchen, um eine Stelle zu finden, wo genügend dünne und dicke Äste herumlagen. Er brauchte viel Zeit, bis er den Schlitten voll gepackt und das Holz ordentlich mit einem Strick festgebunden hatte. Jetzt musste er sich beeilen, dass er noch vor der Dunkelheit nach Hause kam.

Er zog den Schlitten mit einem Ruck vorwärts. Aber irgendetwas schrammte an der linken Kufe. Es klang wie Metall. Er bückte sich und sah etwas Goldenes blinken. Als er sich noch weiter nach vorn beugte, sah er, dass es ein winziger Schlüssel war. Da musste es doch auch ein Schloss geben, in das der Schlüssel passte! Hastig kratzte er mit seinen Händen den Schnee beiseite, und: tatsächlich, da lag ein kleines eisernes Kästchen. Als er es aufhob, schien es ziemlich schwer zu sein. Gewiss war etwas Kostbares darin. Das musste er sofort herausfinden. Er drehte das Kästchen nach links und nach rechts, nach oben und nach unten. Aber er konnte kein Schlüsselloch finden. Plötzlich merkte er, wie es dämmerig wurde. Höchste Zeit, dass er aus dem Wald kam, sonst würde er im Dunkeln den Weg nicht mehr finden. Er steckte das kleine eiserne Kästchen in die Manteltasche und das Schlüsselchen dazu.

Eilig zog und schob der kleine Junge den schweren Schlitten auf dem Waldweg zurück. Als er das Dorf erreicht hatte, war er völlig außer Atem. Gerade noch geschafft, bevor es ganz finster war!

Den ganzen Weg über hatte er nur an eins gedacht. Was konnte bloß in dem Kästchen sein? Und wie sollte er es öffnen? Er rannte in die Küche, setzte sich ganz nah an die Lampe, zog das kleine eiserne Kästchen und den winzigen goldenen Schlüssel aus der Manteltasche und begann erneut zu suchen. Als er es schon aufgeben wollte, entdeckte er an der linken oberen Kante, fast verborgen unter dem Scharnier, eine Öffnung. Vor Aufregung zitterte seine Hand so sehr, dass er dreimal ansetzen musste, bis er das Schlüsselchen in das kleine Loch hinein stecken konnte. Gleich würde er sehen, was in dem geheimnisvollen Kästchen lag. Er drehte einmal um, und noch einmal, und noch einmal ...

Was, meint ihr, hat der kleine Junge wohl in dem Kästchen gefunden, als er endlich den Deckel öffnen konnte?

Wir wünschen frohe Weihnacht überall

Musik und Text: Bernd Mann und Rudi Mika

Nr. 1

Refrain: *Wir wünschen frohe Weihnacht überall,
und Frieden auf der Erde wünschen wir auf jeden Fall.
Geschenke und Gesundheit und was Süßes dann und wann,
und 'nen Weihnachtsmann, mit dem man singen kann.*

1. Der Winter klopft mal wieder an die Tür,
vom Himmel fallen Träume, und 'nen Schneemann bauen wir.
Damit man endlich Schlitten fahren kann,
die Mütze auf und schnell die Handschuh an.

Refrain: *Wir wünschen frohe Weihnacht überall ...*

2. Dezember schenkt uns allen den Advent,
es leuchtet hell, wenn eine neue Kerze für uns brennt.
Und eins und zwei und drei und endlich vier,
dann steht das Weihnachtsfest schon vor der Tür.

Refrain: *Wir wünschen frohe Weihnacht überall ...*

3. Und wie ein Wunder ist auch dieses Jahr
nach langem Warten endlich Heiligabend wieder da.
Geschenke liegen unterm Weihnachtsbaum,
heut Abend da erfüllt sich mancher Traum.

Refrain: *Wir wünschen frohe Weihnacht überall ...*

Adventskranz selber binden

Material: Tannen- oder Fichtenzweige, Drahtring, Zeitungspapier, Faden, Gartenschere, Blumendraht oder Zwirn, 4 Kerzenhalter, 4 Kerzen, Bänder, Adventsschmuck

Den Drahtring mit geknülltem Zeitungspapier umwickeln und mit dem Faden festbinden, so wird der Kranz schön dick.
Die Zweige 10 – 15 cm lang zuschneiden.
Ein Büschel von 3 – 5 Zweigen auf den Kranz legen und mit dem Blumendraht das Ende des Büschels fest an den Kranz binden.
Ein nächstes Zweigbüschel nehmen, daneben oder dahinter anlegen und wieder mit dem Draht umwickeln und festziehen.
So geht es immer weiter, bis der Kranz vollständig mit Zweigen bedeckt ist.
Zum Schluss die Kerzenhalter samt Kerzen aufstecken und den Kranz mit Bändern und Adventsschmuck dekorieren.

1. Tipp
Die längeren Zweige an die Außenseite des Kranzes binden, die kürzeren an die Innenseite.

2. Tipp
Soll es ein Tischkranz werden, muss nur die Oberseite mit Zweigen bedeckt sein, dann liegt der Kranz besser auf.

Zucker-Tannenzapfen

Diese Besonderheit haben auch schon unsere Großmütter als Kinder gemacht.

Material: Tannenzapfen, Schokoladeplätzchen, evtl. Pappe

Die Tannenzapfen einen Tag im warmen Zimmer auslegen, so dass sich die Zapfen öffnen. Rundum viele Schokoladeplätzchen zwischen die geöffneten Zapfen schieben.

Tipp
Wer will, stellt den Zucker-Tannenzapfen senkrecht auf eine als Teller ausgeschnittene Pappe.

Advents-Uhr

Material: großer, weißer Deko-Karton, Schnur, Stift, Wachsmalkreiden, Schere, Postklammer

Auf dem Karton mit Hilfe von Schnur und Stift einen großen Kreis ziehen und ausschneiden. Den Kreis wie einen Kuchen in 24 Stücke aufteilen und Zwischenlinien ziehen. Die einzelnen Abschnitte müssen nicht gleich groß sein, der 24. Abschnitt sollte aber am größten ausfallen.
Alle Abschnitte mit gut sichtbaren Ziffern durchnummerieren.
In jeden Abschnitt ein Advents- bzw. Weihnachtsmotiv malen, z.B. Lebkuchen, Nüsse, Apfel, Tannenzweig, Nikolaus, Engel, Glaskugel, Kerze, Glocke, Schlitten, Stern.
In den 24. Abschnitt natürlich die Weihnachtskrippe malen.
Auf Deko-Karton einen großen Komet zeichnen, der so lang ist, dass er wie ein Uhrzeiger auf die Adventsuhr passt.
Kometenzeiger ausschneiden und mit der Postklammer in die Mitte der Adventsuhr klemmen.
Täglich rücken die Kinder den Kometen ein Stück weiter, so dass er am 24. Dezember auf das Krippenbild zeigt.

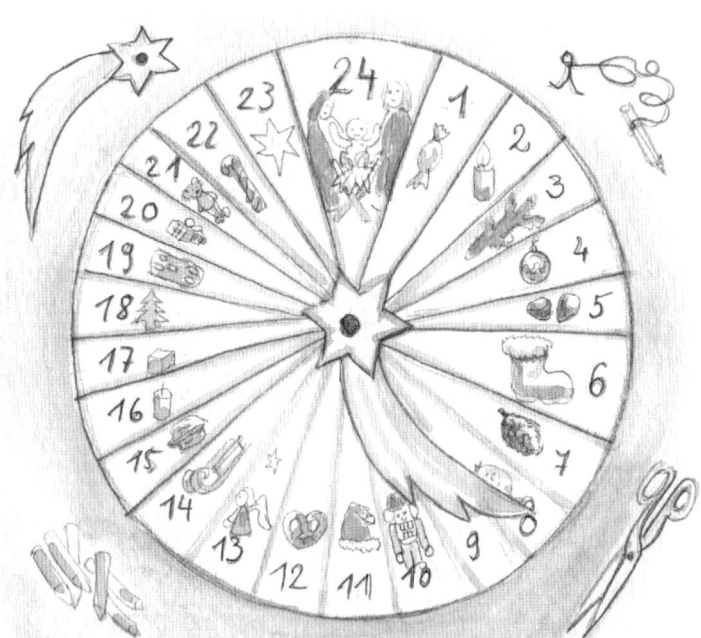

Sterne im Garten

Material: Ton, Messer, gelbe Glasur oder gelbe Plakafarbe und farbloser Lack, Pinsel, bunte Schnur

Den Ton etwa 1 cm dick auswellen. Sterne mit dem Messer einritzen und ausschneiden.
Ein großes Loch für die Aufhängeschlaufe bohren.
Tonsterne trocknen lassen und mit Plakafarbe anmalen.
Als Wetterschutz die Plakafarbe mit farblosem Lack überstreichen.
Sterne mit der Schnur an Büschen und Bäumen draußen im Garten aufhängen.

Weihnachtsvorhang

Material: weißer Stoff, Stoffmalfarben, Stoffkleber

Den Stoff ausbreiten.
Jedes Kind malt nach Lust und Laune Weihnachtsmotive darauf, z.B. Sterne, Kerzen, Glaskugeln, Nikolausstiefel.
Die Stofffarben entsprechend der Gebrauchsanweisung fixieren und, wenn nötig, einen Saum mit Stoffkleber kleben.
Nähen ist nicht nötig, da es sich um eine reine Dekoration handelt.
Den Stoff als Vorhang ans Fenster hängen oder den Raum damit dekorieren.

Wie der erste Adventskranz

Der ursprüngliche Adventskranz aus dem „Rauhen Haus" (➤ S. 6) wird mit den Kindern aufgebaut. Wenn sie davon hören, haben sie sicher Spaß daran, selbst so einen großen Adventskranz aus Holz zu gestalten.

Material: 1 hölzerner Gymnastikreifen, Knete oder Salzteig, 24 Kerzen, Wachsplättchen

Die Kinder legen den Gymnastikreifen aus Holz auf einen großen Tisch.
Mit Knete oder Salzteig befestigen sie 24 Kerzen darauf.

Vom 1. Dezember an werden jeden Tag, an dem die Kinder zusammen sind, die Kerzen angezündet, beginnend mit einer Kerze und dann jeden Tag eine zusätzlich.
Alle feiern gemeinsam „ein Viertelstündchen Advent" mit Liedern, Geschichten, Gedichten und schönen Gesprächen.

Tipp
Die vier Adventskerzen für die Sonntage können die Kinder mit Wachsplättchen besonders dekorieren.

Der lebende Adventskalender

Ein alter Brauch, der in den letzten Jahren wieder aufgegriffen wurde.

Vorbereitung
Die geplanten Adventsbesuche frühzeitig und gut organisieren! In einem Rundschreiben vorab die Nachbarn informieren. In persönlichen Kontakten oder Telefongesprächen die Termine genau absprechen.

Ab dem 1. Dezember wandern die Kinder jeden Tag am Nachmittag, wenn es beginnt dunkel zu werden, zu einem anderen Haus in der Nachbarschaft oder im Dorf.
Sie singen dort an der Eingangstür ein Advents- oder Weihnachtslied, überreichen ein kleines Geschenk, z. B. ein selbst gemaltes Bild oder selbst gebastelten Weihnachtsschmuck.
Vielleicht wird den Kindern eine kurze Geschichte erzählt oder Weihnachtsgebäck angeboten.

Tipp
Die Besuche der Kinder sollen nur vor der Haustüre stattfinden, nicht länger als 10 Minuten dauern und für die Nachbarn kein großer Aufwand werden. So wird die gemeinsame Freude sicher sehr groß sein!

Advents-Zahlenspiel

Noch nicht alle Kinder können die Zahlenreihe 1 – 24 „entziffern". Bei dem Spiel lernen und üben sie dies – und können dann die Türchen an ihrem Adventskalender selber finden und öffnen. Notwendig sind 24 Kärtchen, auf die jeweils eine der Ziffern von 1 – 24 geschrieben wird.

Material: weißer Tonkarton, Scheren, Buntstifte

Jedes Kind kann diese Kärtchen selber zuschneiden und sogar die Ziffern darauf schreiben, indem es sie einfach abmalt, auch wenn es die Zahlen noch nicht kennt.

Hat jedes Kind seine Kärtchen gemalt, sind folgende Zahlenspiele möglich:

Ziffern suchen

Alle Kärtchen, auf denen die Ziffer 1 steht, herausfinden.
Alle Kärtchen, auf denen die Ziffer 2 steht, herausfinden, etc.

Zahlenreihe lernen

Die Zahlenreihe von 1 – 5 legen, daneben die Zahlenreihe von 6 – 10, darunter die Zahlenreihe von 11 – 20, und schließlich darunter die restlichen vier Kärtchen in der richtigen Reihenfolge.

Zahlenreihe legen

Alle Kärtchen mischen und die Zahlenreihe in der richtigen Reihenfolge legen.

Zahlen suchen

Alle Kärtchen liegen in der richtigen Reihenfolge. Wo ist die Zahl 3? Wo die Zahl 24? Ein Kind fragt nach einer Zahl, das andere zeigt sie auf der Kärtchenreihe.

Lebkuchen

Zutaten für den Teig: 100 g Zucker, 200 g Honig, 50 g Margarine, 1 Messerspitze Salz, 2 Eier, 1 TL gemahlener Zimt, 4 Tropfen Bittermandelöl, 500 g Mehl, 1 Päckchen Backpulver

Zutaten für den Guss: 200 – 400 g Puderzucker, 1 Eiweiß, Schokostreusel, Kokosflocken, kleine Süßigkeiten aller Art

Vorbereitung: Den Backofen auf 200° C vorheizen.

Zucker, Honig, Margarine und Salz in einem Topf erwärmen, dabei ständig rühren, bis alles geschmolzen ist.
Masse abkühlen lassen.
Eier, Gewürze und 2/3 des Mehls samt Backpulver in eine Schüssel geben, geschmolzene Zuckermasse dazugeben, alles gut verrühren.
Den Teig zusammen mit dem restlichen Mehl unterkneten.
Zwei Backbleche mit Backpapier auslegen, jeweils die Hälfte des Teiges etwa 1 cm dick darauf ausrollen.
Im Backofen 10 Minuten backen.
Solange das Gebackene noch warm ist, mit einem großen Messer in kleine Stücke schneiden.
Die Lebkuchen auf einem Kuchengitter abkühlen lassen.

Guss

Eiweiß steif schlagen.
Nach und nach den Puderzucker unterrühren, bis der Zuckerbrei schön dickflüssig und klebrig ist.
Die Lebkuchen damit einstreichen.
Mit kleinen Süßigkeiten verzieren oder Schokostreusel oder Kokosflocken darüber streuen.

Lebkuchenhaus

Zutaten für Teig und Guss: s. Lebkuchen
Belag: kleine Süßigkeiten, Weihnachtsplätz-
chen
Material: rotes Transparentpapier, Teelicht

Aus den gebackenen und noch warmen Teig-
platten mit dem Messer 4 Teile als Hauswände
und 2 Teile als Dach herausschneiden (s. Abb.).
In die Hauswände Tür und Fenster mit dem
Messer schneiden.
Das Haus zusammenbauen und mit der
Zuckermasse verkleben: Zuerst die vier Haus-
wände aneinanderfügen, dann die beiden
Dachteile auflegen.

Alle Wände und das Dach mit der Zuckermasse einstreichen, Süßigkeiten und Plätzchen darauf setzen, etwas andrücken und trocknen
lassen.
Transparentpapier zuschneiden, um damit die
Fenster und die Türe abdecken zu können. Von
der Innenseite des Hauses her mit der Zuckermasse das Transparentpapier vor Fenster und
Türe kleben.
Ein Teelicht in das Lebkuchenhaus stellen. Es
leuchtet sehr geheimnisvoll!

Ausstecherle

„Ausstecherle" ist der süddeutsche Ausdruck für Gebäck, dessen Teig vor dem Backen mit Backformen ausgestochen wird. Die Ausstechförmchen gibt es überall zu kaufen. Hier das klassisches Rezept von Großmutter Nani.

Zutaten für den Teig: 500 g Mehl, 250 g Butter oder Margarine, 200 g Zucker, 1 Prise Salz, 6 Eigelb
Zutaten für den Guss: 6 Eiweiß, Hagelzucker, Schoko- und Zuckerstreusel
Vorbereitung: Arbeitsfläche bemehlen, Backblech mit Backpapier auslegen, Backofen auf 200° C vorheizen.

Mürbteig herstellen

Mehl auf die Arbeitsfläche schütten, in der Mitte eine Mulde eindrücken, in diese Mulde zuerst Zucker füllen, darauf Eigelb und das Salz geben und außen herum, auf das Mehl, die Butter in kleinen Stückchen verteilen.
Mit einem breiten Messer alle Zutaten zu einem bröseligen Teig hacken.
Den Teig gut durchkneten, bis er weich und geschmeidig ist.
1 Stunde kühl stellen.
Den Teig in kleinere Stücke aufteilen und jedes Stück weiter verarbeiten.

Plätzchen ausstechen

Den Teig ca. $1/2$ cm dick auswellen.
Mit den Förmchen verschiedene Formen ausstechen, auf das Backblech legen und ca. 1 Stunde kühl stellen.
Die Teigformen mit Eiweiß bestreichen und mit Hagelzucker, Schoko- oder Zuckerstreusel bestreuen.
Im Backofen 15 Minuten backen, auf dem Kuchengitter abkühlen lassen.
Die Ausstecherle in einer Büchse aufbewahren, damit sie nicht austrocknen.

Wir sagen euch an den lieben Advent

Musik: Heinrich Rohr, Text: Maria Ferschl

Nr. 2

Strophe

1. Wir sa - gen euch an den lie - ben Ad - vent.
sa - gen euch an ei - ne hei - li - ge Zeit.

Se - het, die ers - te Ker - ze brennt. Wir
Ma - chet dem Herrn die We - ge be - reit.

Refrain

Freut euch, ihr Chris - ten, freu - et euch sehr.

Schon ist na - he der Herr.

1. Wir sagen euch an den lieben Advent.
Sehet, die erste Kerze brennt.
Wir sagen euch an eine heilige Zeit.
Machet dem Herrn die Wege bereit.

Refrain: *Freut euch ihr Christen, freuet euch sehr.
Schon ist nahe der Herr.*

2. Wir sagen euch an den lieben Advent.
Sehet, die zweite Kerze brennt.
So nehmet euch eins um das andere an,
wie auch der Herr an uns getan.

Refrain: *Freut euch ...*

3. Wir sagen euch an den lieben Advent.
Sehet, die dritte Kerze brennt.
Nun tragt euer Güte hellen Schein
Weit in die dunkle Welt hinein.

Refrain: *Freut euch ...*

4. Wir sagen euch an den lieben Advent.
Sehet, die vierte Kerze brennt.
Gott selber wird kommen, er zögert nicht.
Auf, auf, ihr Herzen, und werdet licht.

Refrain: *Freut euch ...*

Das Adventsfest, zu dem die Kinder besondere Gäste einladen

Sinn des Adventsfestes

Als Alternative zur Vorweihnachtszeit, die immer lauter, hektischer und kommerzieller wird, beginnt hier Advent mit einem stimmungsvollen Fest. Wenn die Kinder dieses Adventsfest miteinander vorbereiten und gestalten, werden sie spüren, was Vorfreude heißt. Sie erleben, was es bedeutet, anderen eine Freude zu machen, und erfahren, dass diese Freude wie ein Funken auf sie selbst überspringt und noch lange nachwirkt.

Ein anderer Aspekt: Wenn die Kinder ein großes und mit viel Aufwand gestaltetes Adventsfest feiern, werden sie ein kleineres, besinnlicheres Weihnachtsfest akzeptieren.

Für Eltern, ErzieherInnen und LehrerInnen

Reden Sie mit den Kindern über die Aussage des Märchens „Der kleine, goldene Schlüssel (➤ S. 8): Auch wenn jeder seine sehnsüchtigsten Wünsche am liebsten sofort erfüllt haben möchte, kann es manchmal besonders schön sein, ein wenig zu warten, weil die Freude, verbunden mit der Vorfreude, größer wird. Haben die Kinder schon einmal diese Erfahrung gemacht? Wer erzählt etwas darüber?

Das ist auch eine Botschaft der Adventszeit, sie gilt für Kinder und für Erwachsene: Es ist die Vorfreude auf das große Ereignis, es ist auch die Freude an den gemeinsamen Vorbereitungen des großen Festes.

Ein Gedanke, der auch auf einem Elternabend für Gesprächsstoff sorgen wird.

Einladung

Die Kinder besprechen, wen sie einladen wollen, die Nachbarn, die Großeltern, den Gemeinderat oder den Hausmeister samt Putzfrauen und Handwerkern, die dieses Jahr im Kindergarten oder Schulhaus zu tun hatten.

Die Kinder schreiben die Einladungen selbst oder diktieren den Einladungsbrief, der mit einem von den Kindern bemalten Briefumschlag verschickt oder überbracht wird. Darin werden die Gäste auch gebeten, sich bis zu einem bestimmten Tag anzumelden, damit die Kinder das Fest planen können.

Tisch- und Raumschmuck

Alle Kinder machen mit: Die einen schmücken den Tisch mit Lebkuchenhäuschen (➤ S. 15), Tannengrün und was sie sich sonst noch alles als Tischschmuck ausgedacht haben. Die anderen bereiten Teller mit selbst gebackenen Lebkuchen (➤ S. 14) vor. Eine dritte Gruppe steckt die Zucker-Tannenzapfen (➤ S. 11) zusammen und stellt diese zu den Lebkuchenhäuschen auf den Tisch.

Als Raumschmuck stellen die Kinder Glaslichter aufs Fensterbrett und dekorieren Fenster, Wände oder Tische mit weihnachtlich bemalten Stoffen (➤ S. 12).

„Wir sagen euch an den lieben Advent"
(Liedgestaltung)

Die Kinder gestalten das Lied „Wir sagen euch an den lieben Advent" (➤ S. 17) als Singspiel. Die Strophen werden von einzelnen Kindern oder einer Kindergruppe gesungen, beim Refrain stimmen die Gäste mit ein.

Material: 4 nicht tropfende Kerzen, evtl. Umhänge, weiße Gewänder oder goldene Haarreifen als Engelskostüme

Aufführung
Bei der 1. Strophe tritt ein Kind auf, es hält eine lange Kerze in der Hand.
Bei der 2., 3. und 4. Strophe kommt jeweils ein weiteres Kind mit einer Kerze dazu. Zum Schluss stehen die vier Kinder nebeneinander.

Tipp
Die vier Kinder verkleiden sich mit schönen Umhängen oder treten als Engel mit goldenem Haarreif und weißen Gewändern auf.

„Wir wünschen frohe Weihnacht überall"
(Liedgestaltung)

Die Gäste erhalten eine Kopie des Liedes und lernen mit lautstarker Unterstützung der Kinder den Refrain. Dann kann die Aufführung beginnen: Alle singen den Refrain und eine kleine Sängergruppe von 3 – 6 Kindern singt die einzelnen Strophen.

„Der kleine goldene Schlüssel"
(Aufführung)

Die Kinder führen das Märchen (➤ S. 8) als Schattenspiel auf.

Material: 1 weißes Leintuch, „Schatzkiste" mit Geschenken, Klammern, Wäscheleine, Schreibtischlampe, großer Karton, Stecknadeln

Vorbereitung
Als Schattenwand das weiße Leintuch mit Klammern an einer im Zimmer gespannten Wäscheleine festmachen. Die Lichtquelle, eine Schreibtischlampe, so einstellen, dass der Lichtkegel direkt auf die Leinwand fällt. Kulissen auf Karton malen, ausschneiden und mit Stecknadeln an die Leinwand heften.

Darstellung
Ein Kind erzählt oder liest die Geschichte, und ein zweites bewegt sich parallel dazu hinter der Leinwand. Zum Schluss kommt das Kind hinter der Schattenbühne mit der Schatzkiste hervor, in der viele kleine Geschenkpäckchen sind. Jetzt kommen die anderen Kinder dazu und verteilen die Päckchen unter den Gästen.

Bescherung

Als Geschenke für die Gäste halten die Kinder eine Tüte mit Lebkuchen (➤ S. 14) bereit.

„Zum Feiern zu Hause"

Weihnachtsmappe

Material: 1 großer Briefumschlag oder 1 gefalteter Aktendeckel, Buntstifte, Kleber, evtl. Klebebildchen mit Weihnachtsmotiven

Jedes Kind stellt sich eine „Weihnachtsmappe" zusammen. Das ist ein großer Briefumschlag oder ein gefalteter Aktendeckel, mit Weihnachtsmotiven bunt bemalt oder beklebt. In diese Mappe legen die Kinder Kopien der Geschichte und der Lieder von der Adventsfeier, bemalen die Blätter mit Bildern oder bekleben sie mit Weihnachtsmotiven.
Die Kinder nehmen diese Weihnachtsmappen für das Weihnachtsfest zu Hause mit. So können sie die Geschichte selber erzählen – oder die Eltern lesen sie vor – und die Lieder miteinander singen.

Nikolausfest

Kinder feiern mit einer anderen Kindergruppe ein großes Nikolausfest

Schwerpunkt-Themen

* Nikolaus
* Wichtel
* Äpfel
* Nüsse

Von schwarzen Petern, Nussknacker-Königen und einem heiligen Türken

Dieser Mann würde nach dem heutigen Ausländerrecht keine Arbeitserlaubnis in Deutschland bekommen: Der Nikolaus ist nämlich ein Nicht-EU-Ausländer. Auch wenn es zwei verschiedene Versionen über den Menschen gibt, der Vorbild für den Heiligen Nikolaus war, so ist doch eines gewiss: Er stammt aus der Türkei.

Entweder handelt es sich um den Bischof von Myra (der damaligen Hauptstadt von Lykien) aus dem 4. Jh. oder um den 200 Jahre später lebenden Abt eines Klosters in der Nähe der türkischen Stadt, der ebenfalls Nikolaus hieß. Und der St. Nikolaus, wie er noch viel später im Volk verehrt wurde, ist aus diesen beiden historischen Figuren und vielen überlieferten Geschichten zusammengesetzt.

Nikolaus soll wohltätig gewesen sein und auch Wunder vollbracht haben. So weist er mit der Zeit eine lange Liste an Zuständigkeiten auf – er ist der Heilige für: Gefangene und Richter, Pfandleiher und Banker, Seeleute, Bäcker und Getreidehändler, und er ist Schutzpatron der SchülerInnen. Im Volksglauben vermischte sich die Gestalt des gütigen Wohltäters mit der des heidnischen Krampus oder der Percht (möglicherweise stammt daher der Name Ruprecht), einem grimmigen Gesellen, der den harten Winter verkörperte. So war auch St. Nikolaus eine zwiespältige Figur, die Strafen genauso wie Geschenke bringen konnte.

Dass manche Kinder auch früher schon recht selbstbewusst auftraten und nicht immer Angst vor dem Mann mit der Rute hatten, zeigt der folgende, aus Niederösterreich stammende Vers:

> *Ruprecht, Ruprecht, guter Gast,*
> *Hast du uns was mitgebracht?*
> *Hast du was, dann setz dich nieder,*
> *Hast du nichts, dann geh nur wieder.*

Im Mittelalter trat St. Nikolaus zunächst in den Klosterschulen auf, wo sich die Schüler aus ihrer Mitte einen wählten, der für einen Tag Bischof sein durfte und in dieser Rolle auch von Haus zu Haus ging, Lieder sang und dafür Geld einsammelte. Damit wurden kleine Geschenke gekauft und den Kindern in die Schuhe gesteckt. In einigen Schulen verteilte der „Kinderbischof" auch Lob und Tadel unter seinen Altersgenossen.

Der historische Nikolaus aus Myra soll unter anderem ein Schiff aus Seenot gerettet haben. Deshalb gibt es den niederländischen Brauch, „Sinterklaas" mit dem Schiff ankommen zu lassen, übrigens schon am 30. November. Und dort erhalten die Kinder bis zum 6. Dezember Abend für Abend kleine oder größere Geschenke, gern auch Marzipan und Lebkuchen in Form eines Schiffes. Weihnachten hat dagegen in Holland eine geringere Bedeutung als Geschenkefest. In anderen Gegenden, z. B. in der Steiermark, falteten die Kinder kleine Papierschiffchen, auf denen dann geschrieben stand:

„Schifflein hin, Schifflein her,
lieber Nikolaus, belad' es schwer."

Trotz Martin Luther und der Reformatoren, die St. Nikolaus durch den Weihnachtsmann ablösen wollten (➤ S. 36), ist die Bedeutung des türkischen Heiligen ungebrochen – überall sind Plätze und Kirchen nach ihm benannt, u. a. die für die deutsche Vereinigung wichtige Leipziger St. Nikolai-Kirche. In diesem Zusammenhang ist es interessant, sich die ursprüngliche Bedeutung des griechischen Namens zu vergegenwärtigen: „nicos" heißt Sieg und „laos" heißt Volk ...

Und als Namenspatron ist er weiter populär: nicht nur in der Kurzform Klaus, sondern auch in dem weiblichen Vornamen Nicole.

Nussknacker aus dem Erzgebirge

Zur Vorweihnachtszeit und zum Nikolaustag gehören Nüsse, die geöffnet werden wollen. Und in manchen Familien hat sich statt des heute üblichen Werkzeugs aus Metall der traditionelle Nussknacker behauptet.

Schon in grauer Vorzeit wurden kunstvolle Hebelzangen hergestellt, um damit den wohl schmeckenden Kern aus seiner harten Hülle zu lösen. Es gibt Fundstücke aus dem 4. Jh. v. Chr. Die ersten „Nussbeißer" in Tier- und Menschengestalt entstanden zwar im 17. Jh. im Berchtesgadener Land, heute verbindet sich

aber der klassische Nussknacker, der so genannte König, mit dem Ort Seiffen im Erzgebirge. Dort wird das ganze Jahr über Weihnachtskunst hergestellt – neben dem Nussknacker (seit 1870) z. B. der traditionelle erzgebirgische Lichterbogen, der den Eingang in Bergwerksstollen symbolisiert und auch bei uns in den Fenstern zu sehen ist. Der Nussknacker-„König" mit seinem strengen Aussehen hat inzwischen eine ganze Reihe moderner Kollegen bekommen: Cowboys, Fußballer ...

Nussknacker aus dem Erzgebirge sind von Hand gefertigt und solide und daher nicht ganz billig. Körper und Kopf werden aus einem Stück Holz gedrechselt. Deshalb verrichten sie auch ihre Arbeit besonders zuverlässig.

Auch das noch!

Nikoläuse aus Schokolade sind nach wie vor beliebt: Im Jahr 2003 wurden laut dpa in Deutschland 48,3 Millionen davon hergestellt. Sie hatten ein Durchschnittsgewicht von 200 Gramm und verbrauchten insgesamt 9660 Tonnen Schokolade. Die Produktion ist denkbar einfach. Flüssige, 28 Grad warme Schokolade wird in eine geöffnete Nikolausform gegossen und dicht verschlossen. In einem „Schleudertunnel" wird die Form so lange nach allen Seiten bewegt, bis sich die süße Masse gleichmäßig verteilt hat. Die Temperatur wird abgesenkt, so dass sich die Schokolade verfestigt. Der Nikolaus wird herausgenommen und in bunte Folie gehüllt.

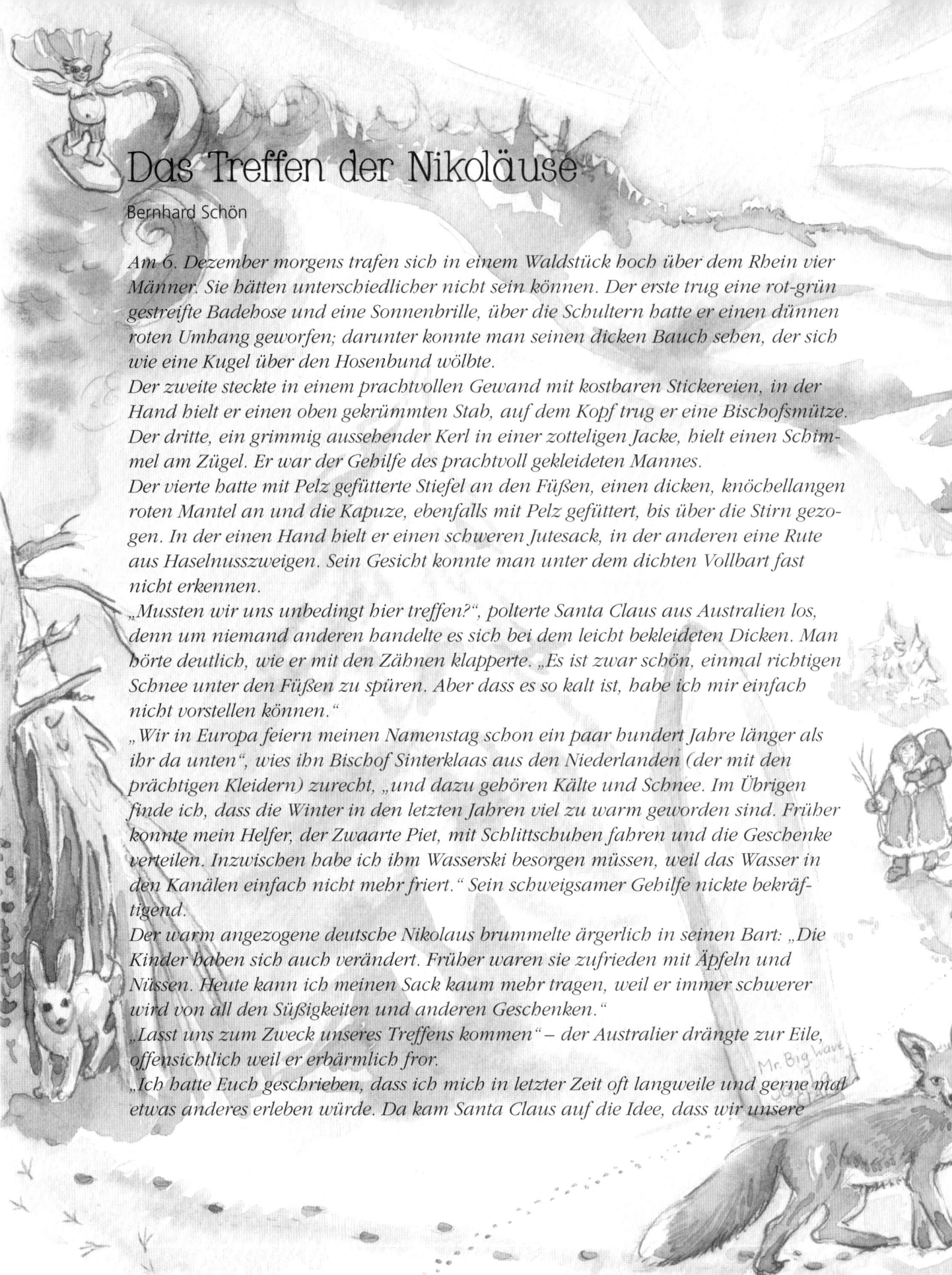

Das Treffen der Nikoläuse

Bernhard Schön

Am 6. Dezember morgens trafen sich in einem Waldstück hoch über dem Rhein vier Männer. Sie hätten unterschiedlicher nicht sein können. Der erste trug eine rot-grün gestreifte Badehose und eine Sonnenbrille, über die Schultern hatte er einen dünnen roten Umhang geworfen; darunter konnte man seinen dicken Bauch sehen, der sich wie eine Kugel über den Hosenbund wölbte.

Der zweite steckte in einem prachtvollen Gewand mit kostbaren Stickereien, in der Hand hielt er einen oben gekrümmten Stab, auf dem Kopf trug er eine Bischofsmütze. Der dritte, ein grimmig aussehender Kerl in einer zotteligen Jacke, hielt einen Schimmel am Zügel. Er war der Gehilfe des prachtvoll gekleideten Mannes.

Der vierte hatte mit Pelz gefütterte Stiefel an den Füßen, einen dicken, knöchellangen roten Mantel an und die Kapuze, ebenfalls mit Pelz gefüttert, bis über die Stirn gezogen. In der einen Hand hielt er einen schweren Jutesack, in der anderen eine Rute aus Haselnusszweigen. Sein Gesicht konnte man unter dem dichten Vollbart fast nicht erkennen.

„Mussten wir uns unbedingt hier treffen?", polterte Santa Claus aus Australien los, denn um niemand anderen handelte es sich bei dem leicht bekleideten Dicken. Man hörte deutlich, wie er mit den Zähnen klapperte. „Es ist zwar schön, einmal richtigen Schnee unter den Füßen zu spüren. Aber dass es so kalt ist, habe ich mir einfach nicht vorstellen können."

„Wir in Europa feiern meinen Namenstag schon ein paar hundert Jahre länger als ihr da unten", wies ihn Bischof Sinterklaas aus den Niederlanden (der mit den prächtigen Kleidern) zurecht, „und dazu gehören Kälte und Schnee. Im Übrigen finde ich, dass die Winter in den letzten Jahren viel zu warm geworden sind. Früher konnte mein Helfer, der Zwaarte Piet, mit Schlittschuhen fahren und die Geschenke verteilen. Inzwischen habe ich ihm Wasserski besorgen müssen, weil das Wasser in den Kanälen einfach nicht mehr friert." Sein schweigsamer Gehilfe nickte bekräftigend.

Der warm angezogene deutsche Nikolaus brummelte ärgerlich in seinen Bart: „Die Kinder haben sich auch verändert. Früher waren sie zufrieden mit Äpfeln und Nüssen. Heute kann ich meinen Sack kaum mehr tragen, weil er immer schwerer wird von all den Süßigkeiten und anderen Geschenken."

„Lasst uns zum Zweck unseres Treffens kommen" – der Australier drängte zur Eile, offensichtlich weil er erbärmlich fror.

„Ich hatte Euch geschrieben, dass ich mich in letzter Zeit oft langweile und gerne mal etwas anderes erleben würde. Da kam Santa Claus auf die Idee, dass wir unsere

Einsatzorte tauschen. Nun müssen wir uns nur noch einigen, wer heute Abend wo die Bescherung macht", fasste Sinterklaas zusammen und fuhr fort: „Ich schlage vor, dass ich dieses Jahr die deutschen Kinder besuche. Der Zwaarte Piet und ich möchten endlich einmal richtige Berge sehen. Und die vielen Geschenke sind wir aus Holland gewohnt, weil die ja bei uns vor allem zu Nikolaus gemacht werden."

„Und ich gehe nach Australien, weil ich ein bisschen Wärme für meine Knochen brauche", rief der deutsche Nikolaus begeistert. „Da müsste ich mir nur noch Sonnencreme und eine Badehose besorgen." Die anderen grinsten, denn es war ihnen klar, dass die rot-grüne Badehose von Santa Claus dem alten Mann nicht passen würde. „Genau, und ich fahre mit den Wasserski zu den holländischen Kindern. Das mache ich in meiner Freizeit sowieso jeden Tag. Ich wäre dir nur dankbar, Nikolaus, wenn du mir deine warmen Wintersachen geben könntest."

So kam es, dass die australischen Kinder in diesem Jahr mit Lebkuchen und Nüssen, die holländischen ganz ungewohnt mit Marshmallows aus Australien beschenkt wurden und die deutschen Kinder einen Nikolaus erlebten, der sehr vornehm gekleidet war und auf einem Schimmel zu ihnen geritten kam.

Wer hat dem Nikolaus die Stiefel geraubt?

Musik und Text: Reinhold Alexander und Ralf Kiwit

Nr. 5

Strophe

C
Der Ni - ko - laus wird plötz - lich wach. Na, was ist das da

G
für ein Krach? Es dröhnt und rum - pelt vor dem Haus, der

C **D7**
Ni - ko - laus schaut brum - mend raus. Kein Mensch zu sehn und

G **D7** **G**
auch kein Tier, ganz si - cher knarr - te nur die Tür. Schnell die

F **G7** **C** **Am** **D** **D7** **G**
Stie - fel an, doch was ist das? Der Ni - ko - laus wird plötz - lich blass:

Refrain
C **F** **G** **C** **Am**
Kei - ne Stie - fel hier, ach, das ist ge - mein, kei - ne Spur vom Dieb, na, wer

F **G** **E**
kann das sein? Wer hät - te das zu Weih - nach - ten ge -

F **G** **C**
dacht, dass je - mand so - was Üb - les macht?

1. Der Nikolaus wird plötzlich wach.
Na, was ist das da für ein Krach?
Es dröhnt und rumpelt vor dem Haus,
der Nikolaus schaut brummend raus.
Kein Mensch zu sehn und auch kein Tier,
na, sicher knarrte nur die Tür.
Schnell die Stiefel an, doch was ist das?
Der Nikolaus wird plötzlich blass:

*Refrain: Keine Stiefel hier, ach, das ist gemein,
keine Spur vom Dieb, na, wer kann das sein?
Wer hätte das zu Weihnachten gedacht,
dass jemand so was Übles macht?*

2. Der Nikolaus zieht Schlappen an
und friert, wie man sich denken kann.
Das Eichhorn fragt er ganz direkt:
„Hast du dir das so ausgeheckt?"
Das Eichhorn wird von Angst erfasst,
es fällt vor Schreck fast von dem Ast.
Dann ruft es laut: „Ich war es nicht!
Bin unschuldig, bin unschuldig!"

Refrain: Keine Stiefel hier, ach, das ist gemein ...

3. Und grollend ruft der Nikolaus
den Uhu aus der Höhle raus,
der freche Dachs will seine Ruh –
knallt seine Tür gleich wieder zu.
Und niemand hat den Dieb gesehn,
und niemand will die Tat gestehn.
Nun wird der Nik'laus ärgerlich
und ruft: „Ich find es fürchterlich!"

Refrain: Keine Stiefel hier, ach, das ist gemein ...

4. Vom Grollen bebt die Erde bald,
erschüttert wird der ganze Wald,
von hier nach da und auch zurück
läuft Nikolaus, doch ohne Glück.
Fast eingefror'n und eingeschneit
sucht er noch eine lange Zeit.
Kalt wie Eis geht er nach Haus,
das Weihnachtsfest fällt diesmal aus! (denn) ...

Refrain: Keine Stiefel hier, ach, das ist gemein ...

5. Da raschelt es im Stubeneck,
die Maus erscheint aus dem Versteck.
Sie hatte diese Chance genutzt
und rasch die Stiefel frisch geputzt.
Jetzt sind sie sauber, fein und rein,
so soll's zum Weihnachtsfest auch sein.
Der Nik'laus jedoch lacht und lacht:
„Mäuslein, das hast du gut gemacht!"

*Refrain: Endlich Stiefel hier, schlüpf rein, schlüpf rein,
es gab gar keinen Dieb, das ist doch fein!
Keiner hätte auch zu Weihnachten gedacht,
dass jemand so was Übles macht.*

Apfel-Nikolaus

Diese klassische Bastelei gab es schon vor 100 Jahren.

Material: 1 roter Apfel, 1 Walnuss, 1 dicke Nadel, Zahnstocher, Krepppapier, Schere, Goldfaden, Watte, Filzstift

Mit der Nadel ein Loch in die Walnuss bohren, am besten an der Stelle, wo die beiden Walnusshälften aneinander stoßen.
Einen Zahnstocher in das Loch schieben.
Das andere Ende des Zahnstochers in den Apfel stecken, am besten am Apfelstiel.
Aus dem Krepppapier einen ca. 15 x 30 cm großen Umhang zuschneiden. Den Umhang um den Apfel legen und zwischen Nuss und Apfel mit dem Goldfaden rundum festbinden.
Den Mantel etwas zusammenschieben, so dass er Falten wirft und der rote Apfelbauch zu sehen ist.
Den überstehenden oberen Rand wie einen großen Kragen umschlagen.
Aus Krepppapier ein ca. 10 x 15 cm großes Stück zuschneiden, wie eine Zipfelmütze aufrollen.

Die Spitze der Mütze mit Goldfaden umwickeln und festbinden.
Die Mütze auf den Nusskopf stülpen und festkleben.
Mit Watte einen Bart an den Nusskopf kleben und auch Haare, die unter der Mütze hervorschauen.
Mit Filzstift Augen und Nase auf das Walnussgesicht malen.

Kerzenständer

Material: 1 Apfel, Messer, Goldpapier, Schere, Faden, Nadel, Klebstoff, Christbaumkerze

Den Apfel am Stiel mit dem Messer ca. 3 cm tief aushöhlen und die Kerze hineinstecken.
Aus Goldpapier einen Streifen von ca. 3 x 40 cm zuschneiden.
Den Goldstreifen wie ein Leporello mit Falten von ca. 1 cm Breite falten.
Den gefalteten Streifen mit Nadel und Faden an einem Ende auffädeln, wie eine Rosette um die Kerze legen und locker zusammenbinden.
Die beiden Enden des Streifens zusammenkleben.

Nussstern

Material: gelber Karton oder Goldpapier, Schere, Walnussschalen, Kleber; evtl. Goldfarbe, Pinsel

Aus Goldpapier oder gelbem Karton einen Stern zuschneiden.
Auf beiden Seiten jeweils eine Nussschalenhälfte in der Mitte aufkleben.
Eventuell die Nussschalen mit Goldfarbe bestreichen.

Nuss-Kerzen-Schiffchen

Material: Walnussschalen, Kerzenstummel, Glasschale, Wasser

In eine Nussschale einen Kerzenstummel mit flüssigem Kerzenwachs festkleben.
Eine Glasschale mit Wasser füllen und mehrere Kerzenschiffchen darin schwimmen lassen.

Nussklapper

Material: Walnussschalen, Karton, Schere, Klebstoff

Aus Karton einen Streifen von ca. 3 x 20 cm zuschneiden.
Den Streifen zur Hälfte knicken.
An die beiden Enden jeweils eine Nussschale mit der bauchigen Seite nach oben kleben.
Beim Musizieren die beiden Nusshälften gegeneinander klappern.

Nussrassel

Material: Walnussschalen, breite Stoff- oder Geschenkbänder, Klebepistole

Vom Stoff- oder Geschenkband ein 40 cm langes Stück abschneiden.
Darauf im Abstand von 5 cm je eine Nussschalen-Hälfte mit der bauchigen Seite nach oben aufkleben.
Auf diese Weise 25 cm des Bandes mit Nussschalen bekleben.
Mindestens vier solcher Bänder zu einem Rasselbündel zusammenknoten.
Beim Musizieren das Rasselbündel schutteln.

Schüttelsack

Material: kleinmaschiges Clementinen-Netz, Schnur, Haselnüsse in der Schale

Das Clementinen-Netz am Rand aufschneiden.
Den Rand mit einer Schnur auffädeln.
Eine Handvoll Haselnüsse in das Netz füllen, die Schnur zusammenziehen und verknoten.
Beim Musizieren das Nuss-Säckchen schütteln.

Klapperbüchse

Material: leere Teebüchse, goldene Klebefolie, Haselnüsse in der Schale

Die Teebüchse mit der Klebefolie bekleben.
Nur zwei oder drei Haselnüsse in die Büchse füllen und den Deckel gut zuklopfen.
Beim Musizieren die Büchse schütteln.

Rhythmusspiele

Die Rhythmusspiele begleiten die Kinder mit ihren Rasseln und Klappern.

Material: Nussrasseln (➤ S. 27), Nussklappern (➤ S. 27)

Die Musikanten werden in Gruppen aufgeteilt.
Die Spielleitung nennt jeder Gruppe ein Wort, das alle im Sprachrhythmus betont langsam wiederholen und gleichzeitig mit ihren Rasseln oder Klappern begleiten.
Die Gruppen setzen mit ihrem Rhythmusspiel nacheinander ein und gleichen ihr Wort dem Sprachrhythmus bzw. dem Takt der anderen Gruppen an.

Wichteln

Der Brauch des Wichtelns ist vielerorts bekannt und sehr beliebt. Für diejenigen, die das Wichteln noch nicht kennen, hier die Beschreibung des Spiels.

Material: kleiner Zettel, Stifte, 1 Klorolle pro Kind, weißes (Geschenk-)Papier, Wollfäden
Vorbereitung: Die Namen aller MitspielerInnen auf kleine Zettel schreiben. Einen Elternbrief schreiben, der die Spielregeln erklärt und Hilfe bei der Geschenkauswahl gibt.

Jedes Kind zieht einen Zettel wie ein Los und liest heimlich den Namen. Die Aufgabe ist, demjenigen, dessen Zettel man gezogen hat, eine kleine Überraschung zu schenken, die besonders hübsch und vor allem originell verpackt ist. Doch der andere darf niemals erfahren, wer ihm dieses Geschenk gemacht hat. Deshalb gehört zum Spiel, das Geschenk dem Empfänger so unbemerkt wie möglich zukommen zu lassen. Die Geschenke sollen wirklich sehr klein und einfach sein. Der Spielspaß besteht im Raten und Rätseln.

Jeder, der mitmacht, bekommt eine leere Klorolle, weißes (Geschenk-)Papier und zwei dicke Wollfäden. Das Geschenk muss also in die Rolle passen.

Die Kinder bemalen oder bekleben zu Hause das weiße Papier, stecken ein kleines Geschenk in die Rolle und packen es wie ein Bonbon ein, das sie mit den Wollfäden zusammenbinden. Den Loszettel mit dem Namen darauf hängen sie an das Geschenk.

Alle Überraschungsbonbons legen die Kinder unbemerkt in einen Korb.

Am Wichteltag – genauen Termin absprechen – wird der Korb gcleert, und alle können gleichzeitig ihr Überraschungsbonbon aufreißen.

Als kleine Geschenke eignen sich
* Glasmurmeln
* Bonbons
* Spielzeugfiguren
* Plastikautos
* selbst gebackene Plätzchen

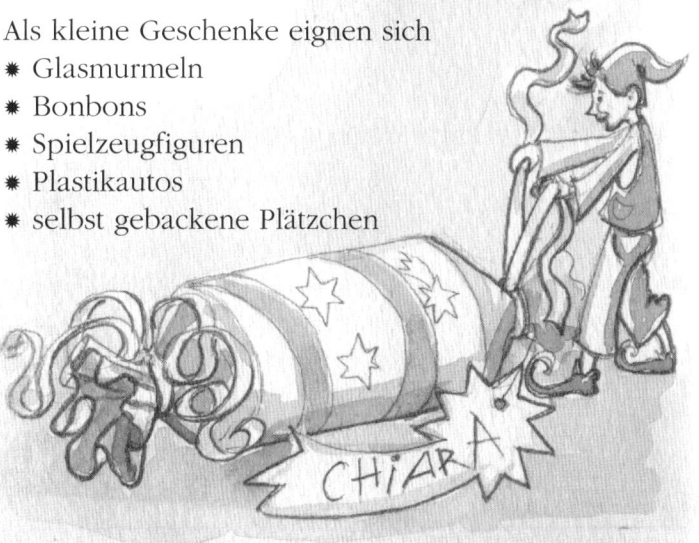

„Mensch ärger dich nicht" – mal anders

Material: Walnussschalen, Plakafarben, Pinsel, Papierbogen, Malstifte, Würfel

Walnussschalenhälften als Spielsteine mit Plakafarben unterschiedlich bemalen. Jedes Kind braucht vier Spielsteine.
Das Spielfeld von „Mensch ärger dich nicht" auf ein Blatt Papier malen.
Es wird gewürfelt.

Die neue Spielregel geht so
Wer mit seinem Nussschalen-Spielstein auf einen Platz kommt, auf dem schon eine Nussschale liegt, wirft diese nicht hinaus, sondern setzt seine Nussschale auf die andere drauf und kann diese mit nach Hause führen. Auf diese Weise kann ein Kind zwei und mehr Spielsteine in sein Haus bringen.

Es gibt zwei Sorten von Siegern
Gewonnen hat, wer zuerst seine Spielsteine ins Haus brachte, und gewonnen hat auch, wer die meisten Spielsteine in seinem Haus hat.

Stutenkerle

So heißen in Norddeutschland die Figuren aus Hefeteig, die den Kindern am Nikolaustag geschenkt werden.

Zutaten: 500 g Mehl, 1 Päckchen Trockenhefe, 100 g Margarine, 125 g Zucker, 1 Fläschchen Bittermandel, 2 Päckchen Vanillezucker, 1 Eiweiß, 200 ml lauwarme Milch, Eigelb zum Bestreichen, Rosinen zum Belegen
Vorbereitung: Arbeitsfläche bemehlen, Backblech mit Backpapier auslegen, Backofen auf 175° C vorheizen

Zuerst den Hefeteig zubereiten. Dazu Trockenhefe unter das Mehl mischen, alle anderen Zutaten dazugeben, zusammenrühren und zu einem feinen, weichen Teig kneten.
Den Teig mit einem Tuch zudecken, an einen warmen Ort stellen und bis zur doppelten Größe aufgehen lassen.
Noch einmal kräftig kneten, dann 1 cm dick auswellen.
Große Figuren mit dem Messer ausschneiden, auf das Backblech legen, mit Eigelb bestreichen und mit Rosinen verzieren.
Den Teig ein zweites Mal zugedeckt etwas gehen lassen.
Im Backofen 20 Minuten backen.
Auf dem Kuchengitter abkühlen lassen.

Bratäpfel

Zutaten pro Apfel: 25 g Marzipan-Rohmasse, 1 TL Sahne, 1 TL Rosinen, etwas Butter
Beilage: Sahne, Vanillezucker
Vorbereitung: Backofen auf 200° C vorheizen

Apfel waschen und Kerngehäuse entfernen.
Marzipan mit der Sahne verrühren, Rosinen dazugeben und den Apfel mit der Masse füllen.
Obenauf etwas Butter geben.
Apfel in eine feuerfeste Form setzen und im Backofen ca. 30 Minuten braten.
Mit einem Zahnstocher testen, ob der Apfel ganz weich ist.
Apfel auf einen Teller setzen und Bratensaft darüber gießen.
Mit Vanillezucker abgeschmeckte flüssige Sahne dazu reichen.

Laßt uns froh und munter sein

Musik und Text aus dem Rheinland

Nr. 4

Strophe

1. Laßt uns froh und mun – ter sein

und uns recht von Her – zen freun!

Refrain

Lus – tig, lus – tig tra – le – ra – le – ra!

Bald ist Ni – ko – laus – – a – bend da,

bald ist Ni – ko – laus – – a – bend da!

1. Laßt uns froh und munter sein
und uns recht von Herzen freun!

Refrain: *Lustig, lustig, traleralera!*
Bald ist Nikolausabend da,
bald ist Nikolausabend da!

2. Dann stell' ich den Teller auf,
Nik'laus legt gewiß was drauf.

Refrain: *Lustig, lustig ...*

3. Wenn ich schlaf, dann träume ich,
jetzt bringt Nik'laus was für mich.

Refrain: *Lustig, lustig ...*

4. Wenn ich aufgestanden bin,
lauf ich schnell zum Teller hin.

Refrain: *Lustig, lustig ...*

5. Nik'laus ist ein guter Mann,
dem man nicht g'nug danken kann.

Refrain: *Lustig, lustig ...*

Das Nikolausfest, zu dem eine andere Kindergruppe eingeladen wird

Sinn des Nikolausfestes

Die Kinder erleben einen Nikolaus, der wirkungsvoll auftritt und in Worten, Mimik und Gestik seine Würde und Güte den Kindern gegenüber zeigt. Damit wird ein Ausgleich geschaffen zu dem Ansturm von Nikoläusen, die die Kinder seit Wochen als Werbespaß oder Dekoration in Warenhäusern, auf Straßen und an Häuserwänden sehen. Bei diesem stimmungsvollen Fest wird der Nikolaus als etwas Besonderes erlebt. Dazu laden die Kinder eine andere Gruppe ein.

Wer den Nikolaus spielt, bleibt geheim. Er sollte vor dem Fest in den Programmablauf eingeweiht werden, damit er ausreichend viel Zeit für seinen Auftritt einplant und sich auch auf seine Geschichte vorbereiten kann.

Information für Eltern, ErzieherInnen und LehrerInnen

Der Nikolaus hatte ursprünglich zwei Gesichter: Er belohnte und bestrafte, er verteilte Geschenke aus seinem Sack, und er brachte die Rute mit. Heute hat die Gestalt des Nikolaus die bedrohliche und Angst einflößende Rolle weitgehend verloren. Schön an der Legende vom Nikolaus aus Myra (➤ S. 20) ist die Vorstellung, jemandem heimlich etwas Gutes zu tun.

Was tun, wenn die Kinder nicht mehr an den Nikolaus und an den Weihnachtsmann glauben? Die Antwort darauf gab ein Redakteur vor über 100 Jahren in einer New Yorker Zeitung: Er tröstete die achtjährige Virginia mit der Zusicherung, dass die wirklich wichtigen Dinge im Leben diejenigen sind, die weder Kinder noch Erwachsene sehen können: „Kein Mensch kann sich all die Wunder ausdenken und vorstellen, die es ungesehen und unsichtbar in der Welt gibt."

Einladung

Die Einladung auf einen großen, bunt bemalten oder beklebten Papierbogen schreiben und darin Datum, Zeit, Ort und Dauer des Nikolausfestes angeben. Um das Fest gut planen zu können, wird darum gebeten, bis zu einem bestimmten Termin die Anzahl der Gäste zu nennen.

Mit Nikolausmütze und Glocke ausgestattet, wandern ein paar Kinder zu der Gruppe, die sie einladen wollen: eine andere Kindergartengruppe oder in der Schule die Parallelklasse oder im Kinderhort die Nachbargruppe.

Tisch- und Raumschmuck

Material: Apfel-Nikoläuse (➤ S. 26), rotes Tonpapier, roter Stoff oder rotes Papier, Wattebausch, Schere, Klebstoff, Klammern oder Klebestreifen

Die Kinder schmücken die Tische mit Apfel-Nikoläusen.
Sie entscheiden sich für Mitra oder Nikolaus-Zipfelmütze als Raumschmuck.
Die Mitra aus rotem Tonpapier ausschneiden und zusammenkleben.
Die Nikolausmütze aus rotem Stoff oder Papier schneiden und einen weißen Wattebausch als Bommel an die Spitze aufkleben.
Mitren oder Mützen mit Klammern oder Klebestreifen überall im Zimmer aufhängen.

Türschmuck

Material: Packpapier, Farben, Pinsel, Klebestreifen

Die Kinder malen eine Nikolausfigur in Übergröße auf Packpapier und kleben diese an die Außenseite der Tür mit Klebeband an. Jetzt weiß der Nikolaus, hinter welcher Türe sein Fest stattfinden wird.

„Laßt uns froh und munter sein"
(Liedgestaltung)

Die Kinder singen das Nikolauslied (➤ S. 31). Den Refrain begleiten sie auf den selbst gebastelten Instrumenten aus Nüssen (➤ S. 27 ff.).

„Wer hat dem Nikolaus ..."
(Liedgestaltung)

Die Strophen des Liedes (➤ S. 24) sind zum Auswendiglernen sehr lang, aber mit der CD klappt es bestimmt. Das Lied wird vorgespielt, die Kinder singen mit und begleiten die Musik in freien Rhythmen mit selbst gebastelten Nuss-Instrumenten (➤ S. 27 ff.).

Aufführung

Der Nikolaus wird aufgefordert, auf dem Nikolaus-Stuhl Platz zu nehmen. Dieser Nikolaus-Stuhl kann ein großer Sessel oder Gartenstuhl mit hoher Lehne sein, den die Kinder mit Tannenreis und vergoldeten Nüssen festlich geschmückt haben.

Die Kinder führen dem Nikolaus einen Wichtelreigen vor:

Alle Kinder fassen sich an den Händen, wandern singend (Lied S. 31) um den Stuhl, wandern weiter durch den Raum, gehen um die Tische und kommen am Schluss wieder zum Nikolaus zurück. Dann setzen sie sich rund um den Stuhl auf den Boden, und der Nikolaus liest oder erzählt seine Geschichte (➤ S. 22).

Bescherung

Die Kinder bekommen Wichtelmützen (= Nikolausmützen, die es sehr günstig zu kaufen gibt) und die mit einem Stutenkerl (➤ S. 30) und Äpfeln, Mandarinen und Nüssen gefüllt sind. Wenn der Nikolaus noch Zeit und Lust hat, zeigt er den Kindern ein paar Spiele mit Nüssen (➤ S. 26 f.).

Zum Feiern zu Hause

Jedes Kind bekommt eine Kopie der Nikolausgeschichte (➤ S. 22) zum Vorlesen zu Hause geschenkt, und alle Materialien für das „Mensch ärger dich nicht" – mal anders (➤ S. 30), das es dann zu Hause mit seiner Familie spielen kann.

Das klassische Weihnachtsfest

Kinder feiern mit ihren Familien ein klassisches Weihnachtsfest

Schwerpunkt-Themen

* Traditioneller Christbaumschmuck
* Maria, Josef und das Christkind
* Krippe

Die Weihnachtsgeschichte nach dem Evangelisten Lukas

(Lukas 2, Vers 1 – 20, in der Übersetzung von Martin Luther)

Es begab sich aber zu der Zeit, daß ein Gebot von Kaiser Augustus ausging, daß alle Welt geschätzt würde. Und diese Schätzung war die allererste und geschah zu der Zeit, da Cyrenius Landpfleger in Syrien war. Und Jedermann ging, daß er sich schätzen ließe, ein Jeglicher in seine Stadt.

Da machte sich auch auf Josef aus Galiläa, aus der Stadt Nazareth, in das jüdische Land, zur Stadt Davids, die da heißt Bethlehem, darum, daß er von dem Hause und Geschlecht Davids war. Auf daß er sich schätzen ließe mit Maria, seinem vertrauten Weibe.

Und als sie da selbst waren, kam die Zeit, daß sie gebären sollte. Und sie gebar ihren ersten Sohn und wickelte ihn in Windeln und legte ihn in eine Krippe, denn sie hatten sonst keinen Raum in der Herberge. Und es waren Hirten in derselben Gegend auf dem Felde bei den Schafen, die hüteten des Nachts ihre Herde. Und siehe, des Herren Engel trat zu ihnen, und die Klarheit des Herrn leuchtete um sie; und sie fürchteten sich sehr. Und der Engel sprach zu ihnen: „Fürchtet euch nicht, siehe, ich verkündige euch große Freude, die eurem Volk widerfahren wird. Denn euch ist heute der Heiland geboren, welcher ist Christus der Herr in der Stadt Davids. Und das habt zum Zeichen, ihr werdet finden das Kind in Windeln gewickelt und in einer Krippe liegend."

Und alsbald war da bei dem Engel die Menge der himmlischen Heerscharen, die lobten Gott und sprachen: „Ehre sei Gott in der Höhe und Frieden auf Erden und den Menschen ein Wohlgefallen."

Und da die Engel vor ihnen gen Himmel fuhren, sprachen die Hirten untereinander: „Laßt uns nun gehen gen Bethlehem und die Geschichte sehen, die da geschehen ist, die uns der Herr kund getan hat."

Und sie kamen eilends und fanden beide, Maria und Josef, dazu das Kind in der Krippe liegend.

Da sie es aber gesehen hatten, breiteten sie das Wort aus, welches zu ihnen von diesem Kind gesagt war. Und alle, vor die es kam, wunderten sich der Rede, die ihnen die Hirten gesagt hatten.

Maria aber behielt alle diese Worte und bewegte sie in ihrem Herzen.

Und die Hirten kehrten wieder um, priesen und lobten Gott um alles, das sie gehöret und gesehen hatten, wie denn zu ihnen gesagt war.

Von „rauhen Nächten", dem freundlichen Sankt Nick und dem lieben Christkind

Weihnachtsmann oder Christkind?

Mit dem „klassischen Weihnachtsfest" ist das so eine Sache: Der Weihnachtsbaum, wie wir ihn von unseren Großeltern kennen, hat sich erst nach 1870/71 durchgesetzt (➤ S. 108), und der Weihnachtsmann ist auch nicht viel älter. Er wurde im 19. Jh. „erfunden" und vereint Elemente des St. Nikolaus (➤ S. 20 ff.) mit der Vorstellung des „Heiligen Christ", den der Reformator Martin Luther als Alternative zum katholischen Bischof durchzusetzen versuchte. Dabei blieb der sonst so wortgewaltige Kirchenkritiker allerdings sehr vage – handelte es sich nun um ein kleines Kind oder doch eher um eine Variante des Nikolaus? So ist zu erklären, dass in Deutschland ganz unterschiedliche Gabenbringer in den Köpfen existieren: Mal tritt ein leibhaftiges „Christkind" alleine auf und bringt die Geschenke, mal ertönt nur ein feines Glöckchen als Zeichen, dass das Christkind da gewesen ist, mal wird es von Knecht Ruprecht begleitet, oder der Weihnachtsmann kommt.

Wann dieser Weihnachtsmann zum ersten Mal auftaucht, lässt sich genau sagen: Zwei Illustratoren und ein Amateurdichter in der alten und in der neuen Welt prägten unsere heutige Vorstellung vom Weihnachtsmann. Der „Herr Winter" des Malers Moritz von Schwind erschien 1847 in einer Folge des „Münchner Bilderbogens". Er trägt – ganz im Sinne von Martin Luther – einen schlichten braunen Mantel mit Kapuze und findet den Weg zum Kind in der Wiege, dem er einen blühenden Zweig überreicht. 24 Jahre früher hatte der amerikanische Professor Clement C. Moore für seine Kinder das nette Gedicht „A Visit from St. Nicholas" geschrieben. Es wurde bald in den Vereinigten Staaten populär, vor allem, nachdem ein deutscher Einwanderer dazu einen „St. Nick" gezeichnet und ihn mit positiven Eigenschaften ausgestattet hatte: freundlich lächelnd, eine Pfeife in der Hand, eine rote Mütze auf dem Kopf und einen roten Rock, der sich über dem kugelrunden Bauch spannte. Die Geschichte wurde bald weiter ausgeschmückt. Die Rentiere, die den Schlitten des Weihnachtsmanns ziehen, bekamen einen Stall, „St. Nick" eine Werkstatt in seinem Haus am Nordpol, in der er das ganze Jahr über Spielsachen herstellte oder reparierte ...

Weihnachten und „rauhe Nächte"

Der Termin für das Weihnachtsfest liegt dagegen schon seit langer Zeit fest. Wann Jesus wirklich geboren wurde, wissen wir zwar nicht, aber wir können festhalten, dass Kaiser Theodosius im Jahr 381 auf dem 2. Konzil den 25. Dezember als Tag der Geburt Christi festlegte. Es dauerte allerdings einige Zeit, bis sich dieses Datum weithin durchsetzte, und die orthodoxe Kirche feiert Weihnachten heute noch am 6. Januar – sie setzt damit die Tradition der frühen Christen fort.

Auch bei der Festlegung dieses, nach Ostern wichtigsten, Festtages der Christen nahm die Kirche uralte Bräuche auf. Die „wihen nahten" (mittelhochdeutsch = die geweihten, heiligen Nächte) lagen zur Zeit der Wintersonnenwende. Unsere germanischen Vorfahren glaubten, dass zwischen dem 25. Dezember und dem 6. Januar, in den „rauhen Nächten", Dämonen unterwegs seien, die mit grünen Zweigen und Ausräuchern abgewehrt werden könnten. Nach der längsten Nacht (vom 21. auf den 22. Dezember) nahm die Dauer der Sonneneinstrahlung wieder zu und wurde allmählich stärker, die Menschen konnten auf den nächsten Frühling und die Wärme des Sommers hoffen.

Was lag da näher, als die Geburt des Erlösers in diese Zeit zu legen?

Kinderarbeit für Weihnachtsschmuck

Ein Autor der Zeitschrift „Gartenlaube" trauert schon 1893 den alten Zeiten nach, als es noch einfachen Baumschmuck gab, der – genauso wie die Lebkuchen und das Marzipan – selbst gemacht war. Mit der Verbreitung des Weihnachtsbaums in den bürgerlichen Wohnstuben entwickelte sich nämlich eine regelrechte Industrie für Christbaumschmuck.

Die als Fruchtbarkeitssymbol beliebten Äpfel wurden durch Glaskugeln ersetzt, silberne Vögel saßen in den Zweigen, vergoldete Tannenzapfen, kleine Holzfigürchen, bunte Papiergirlanden und Lametta ließen den Baum erstrahlen. Und zusätzlich gab es alle möglichen Formen von Süßigkeiten und Lebkuchen, die die Kinder nach Heiligabend vom Baum „plündern" durften. Davon konnten die Kinder der armen Familien im Thüringer Wald nicht einmal träumen. Schon Drei- und Vierjährige mussten mit ihren älteren Geschwistern in Heimarbeit den erwachsenen Glasbläsern zur Hand gehen und den Schmuck für das Weihnachtsfest der Wohlhabenden herstellen.

Das Brauchtum rund um die Krippe ist viel älter. Schon im 4. Jh. sollen Krippen in Klöstern und Kirchen aufgestellt worden sein. Und von Franz von Assisi berichtet die Legende, er habe die Szene in einer Grotte mit echten Tieren inszeniert. Da standen dann Ochse und Esel leibhaftig an der Krippe, und der fromme Mann erklärte den Gläubigen die Weihnachtsbotschaft. Das war bereits eine kritische Reaktion auf den gewaltigen Aufwand, den Kirche und Klöster inzwischen trieben. So hatte Papst Gregor im 9. Jh. Krippenfiguren aus purem Gold fertigen lassen, teure Künstler wurden verpflichtet, um sie prachtvoll zu gestalten.

Die erste Krippe in einem Privathaushalt (ein italienischer Palazzo) ist für das 16. Jh. nachgewiesen. Durch die steigende private Nachfrage entwickelte sich ein neuer Industriezweig mit Schwerpunkt Spanien, Italien, Tschechoslowakei, Österreich und Deutschland, hier besonders Bayern und das Erzgebirge.

Auch heute wird noch in vielen Haushalten zum Weihnachtsfest eine Krippe aufgestellt. Und manchmal sind die Figuren alte Erbstücke, die bereits die Urgroßeltern erworben haben.

Auch das noch!

Jeder kennt die beliebte Klage: „Früher hatten wir noch echte Winter. In meiner Kindheit konnte ich den Schlitten, den ich zu Weihnachten geschenkt bekommen hatte, gleich vor der Haustür ausprobieren ..."

Stimmt das? Meistens nicht, weil zumindest im Flachland eher selten Schnee liegt. Wer wirklich weiße Weihnacht erleben möchte, muss schon in die Berge fahren. Nach Aussage von Wetterfrosch Jörg Kachelmann hat es z. B. in Berlin in den letzten 100 Jahren nur 18-mal geschneit.

Der allererste Weihnachtsbaum

Bernhard Schön, nach einer Idee von Hermann Löns

Es war vor langer Zeit …

Missmutig stapft der Weihnachtsmann durch den Wald. Immer wieder dasselbe – Äpfel, Nüsse, ein Holzpferdchen … Er würde so gern die Kinder und auch die Erwachsenen mit etwas Neuem überraschen.

Nachdem er sich auf einen Baumstumpf gesetzt hat, um ein wenig auszuruhen, schaut er auf den Tannenbaum, der direkt vor ihm steht und ihn schon überragt. Auf seinen Zweigen liegt, wie überpudert, ein bisschen Schnee, und gerade kommen ein paar Sonnenstrahlen und tauchen das Bäumchen in ein Licht, dass es nur so glitzert und funkelt.

Der Weihnachtsmann ist ganz verzaubert von dem Glanz. Besonders die Eiszapfen an den Zweigspitzen leuchten in tausend verschiedenen Farben, und die Tannenzapfen sehen aus, als wären sie mit Silber übergossen. Wenn er diesen Glanz und dieses Licht in die Wohnstuben der Kinder bringen könnte!

Da hat der Weihnachtsmann plötzlich eine Idee. Er sägt den Baum direkt am Stamm unten ab, wirft seinen Sack über die eine, den Baum über die andere Schulter und geht nach Hause. Dort stellt er den Tannenbaum in einen Topf mit Erde, steht auf, öffnet seinen Sack, wühlt darin herum und holt ein paar Nüsse und Äpfel heraus. Nachdenklich runzelt er die Stirn. Dann sucht er in seinen Manteltaschen, bis er eine Rolle Bindfaden gefunden hat. Davon schneidet er mit seinem Messer verschieden lange Stücke ab, knotet die Äpfel und Nüsse daran und hängt sie an die Tannenzweige.

Inzwischen ist es draußen dunkel geworden. Der Weihnachtsmann holt aus dem Küchenschrank viele weiße Kerzen. Er zündet eine an, tropft etwas von dem heißen Wachs auf einen kräftigen Zweig und befestigt sie dort. So macht er es, bis fast sein ganzer Vorrat an Lichtern auf den Zweigen verteilt ist.

Dann geht er ein paar Schritte zurück und betrachtet zufrieden sein Werk. Zwar sind die glitzernden Eiszapfen in der Zwischenzeit zu kleinen Pfützen auf dem Boden geschmolzen, aber dafür leuchtet der Baum im Schein der flackernden Kerzen ganz geheimnisvoll, und das Rot der Äpfel passt wunderbar zu den grünen Tannennadeln. Solch ein Tannenbäumchen könnte er doch den Kindern und Erwachsenen mitbringen, denkt sich der Weihnachtsmann. Das frische Grün und der Lichterglanz in der dunklen Winternacht, das wäre eine tolle Überraschung.

Und so geschah es, dass jedes Jahr zuerst in Deutschland und inzwischen auf der ganzen Welt ein geschmückter Tannenbaum zu Weihnachten aufgestellt wird.

Am Weihnachtsbaum die Lichter brennen

Text: Hermann Kletke, 1841

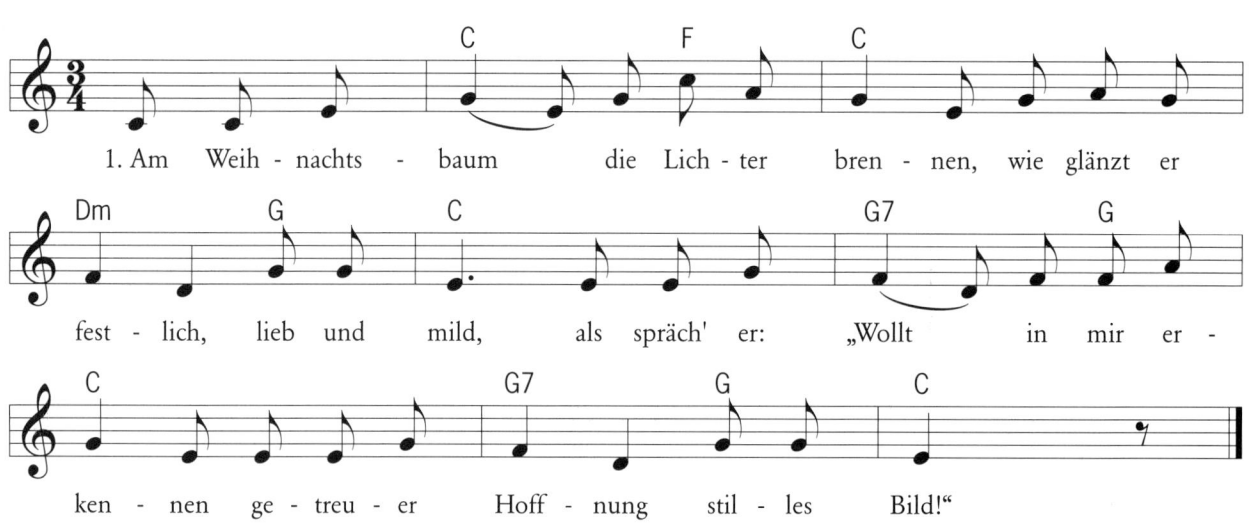

1. Am Weih - nachts - baum die Lich - ter bren - nen, wie glänzt er fest - lich, lieb und mild, als spräch' er: „Wollt in mir er - ken - nen ge - treu - er Hoff - nung stil - les Bild!"

1. Am Weihnachtsbaum die Lichter brennen,
wie glänzt er festlich, lieb und mild,
als spräch' er: „Wollt in mir erkennen
getreuer Hoffnung stilles Bild!"

2. Die Kinder stehen mit hellen Blicken,
das Auge lacht, es lacht das Herz;
o fröhlich seliges Entzücken!
Die Alten schauen himmelwärts.

3. Zwei Engel sind hereingetreten,
kein Auge hat sie kommen sehn;
sie gehn zum Weihnachtstisch und beten
und wenden wieder sich und gehn.

4. „Gesegnet seid ihr alten Leute,
gesegnet sei du kleine Schar!
Wir bringen Gottes Segen heute
dem braunen wie dem weißen Haar.

5. Zu guten Menschen, die sich lieben,
schickt uns der Herr als Boten aus,
und seid ihr treu und fromm geblieben,
wir treten wieder in dies Haus."

6. Kein Ohr hat ihren Spruch vernommen;
unsichtbar jedes Menschen Blick
sind sie gegangen wie gekommen;
doch Gottes Segen blieb zurück!

Weihnachtsschmuck als Modeerscheinung

„Klassischer" Christbaumschmuck hat zu jeder Zeit anders ausgesehen (➢ S. 37). Heute dagegen ist alles erlaubt, was gefällt. Sei es der stilvoll geschmückte Tannenbaum mit seinem kostbaren Dekor oder der verspielte, kunterbunte mit Bastelsachen wie Goldpapierketten und Strohsternen, vergoldeten Nüssen, Engeln aus Wolle und Zwergen aus Tannenzapfen. Und gerade dieser selbst gebastelte Schmuck macht heute das Besondere aus. Er wird jedes Jahr wieder ausgepackt und erzählt kleine Geschichten: „Das hast du gefaltet, als du drei Jahre alt warst; das hat dein Bruder im Kindergarten gemacht, und das habt ihr aus der 2. Klasse mitgebracht ..."

Auf dieser und den nächsten Seiten zeigen wir traditionellen Christbaumschmuck aus Goldpapier, wie ihn bereits unsere Großeltern gebastelt haben, als sie Kinder waren.

Himmelsleiter

Material: Goldpapier, Schere, Lineal

Schneide vom Goldpapier ein 9 x 50 cm großes Stück zurecht, falte es der Länge nach in drei 3 cm breite Falten.

Schneide den gefalteten Streifen abwechselnd von der einen und anderen Kante her ca. 2,5 cm tief ein, und zwar im Abstand von etwa 1 cm.

Falte das Papier auseinander, ziehe die Himmelsleiter sehr vorsichtig in die Länge und drehe dabei die Enden in gegengleiche Richtung.

Goldkette

Material: Goldpapier, Schere, Klebstoff, Lineal

Schneide viele 1 x 10 cm große Papierstreifen. Klebe einen Streifen zu einem Ring zusammen, schiebe den nächsten Papierstreifen in den Ring und klebe ihn dann zu einem neuen Ring zusammen.

Schiebe in den zweiten Ring wieder einen Streifen und klebe ihn zusammen.

Verbinde auf diese Weise alle Streifen zu Kettenringen.

Igelstern

Material: Goldpapier, Lineal, evtl. Zirkel, Schere, Bleistift, Nadel und Faden

Schneide eine Kreisscheibe mit einem Durchmesser von etwa 8 cm.
Falte den Kreis dreimal zur Hälfte.
Lege den Kreis wieder auseinander und schneide ihn an den Faltlinien entlang etwa 2 – 3 cm tief ein.
Rolle die Kreisteile von den eingeschnittenen Kanten her über einen Bleistift zu Spitzen zusammen.
Bastle vier solcher Sterne. Klebe sie im Mittelteil übereinander und fädle eine Aufhängeschlaufe ein.

Variante

Wenn zwei Igelsterne gegeneinander geklebt werden, entsteht eine Igelstern-Kugel.

Markt und Straßen ...

Josef von Eichendorff (1788 – 1857) gilt als einer der bedeutendsten Lyriker der Romantik. Er verfasste auch die Texte zu den sog. Volksliedern „In einem kühlen Grunde" und „Wem Gott will rechte Gunst erweisen".

Markt und Straßen stehn verlassen,
still erleuchtet jedes Haus,
sinnend geh ich durch die Gassen,
alles sieht so festlich aus.

An den Fenstern haben Frauen
buntes Spielzeug fromm geschmückt,
tausend Kindlein stehn und schauen,
sind so wunderstill beglückt.

Und ich wand're aus den Mauern,
bis hinaus ins freie Feld,
Heeresglänzen, heil'ges Schauern!
Wie so weit und still die Welt!

Sterne hoch die Kreise schlingen
aus des Schnees Einsamkeit
steigt wie wunderbares Singen –
oh, du gnadenreiche Zeit!

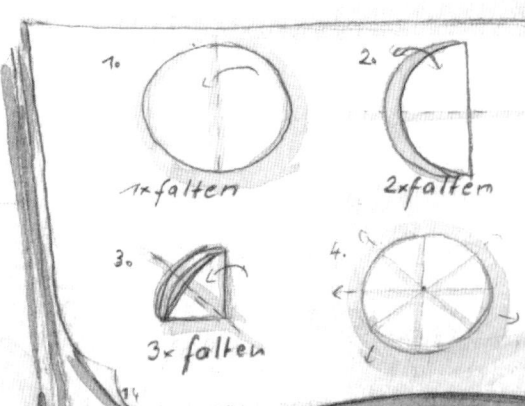

Große Krippenlandschaft

Material: Knete oder Salzteig oder Ton, der an der Luft trocknet, Kartons, kleine Schachteln, angerührten Tapetenkleister, Zeitungspapier, Pinsel, Plakafarbe, kleine Zweige, Tannenzapfen, Moos, Strohstern, Bastelsachen aller Art (z. B. Federn, Schafwolle, Goldpapier, Seide, Stroh); evtl. Sprühkleber, weißer Glimmer

Die Krippenfiguren (➤ Abb. S. 44)
Sollen die Figuren aus Knete sein, kann man sie mit unterschiedlich farbiger Knete gestalten und z. B. Mäntel, Haare, Kronen usw. aus Knete in passender Farbe formen und auf die Figur aufdrücken.

Einfacher geht es mit Salzteig oder Ton. Hier wird zuerst die ganze Figur geformt und nach dem Trocknen mit Farben angemalt.

Wer will, kann die Figuren mit weiteren Bastelmaterialien bekleben:

* Die Engel erhalten Flügel aus Federn
* die Schafe einen Körper aus Schafwolle
* die Könige Kronen aus Goldpapier
* Maria bekommt einen Mantel aus dünner Seide
* das kleine Christkind wird in ein feines Tuch eingewickelt
* die Krippe ist mit echtem Stroh oder Schafwolle ausgepolstert.

So wird Salzteig gemacht

Material: 1 Teil Salz, 2 Teile Mehl, ein paar Tropfen Öl, 1 Teil Wasser

Zuerst Salz, Mehl und Öl miteinander vermengen, dann löffelweise Wasser dazugeben und dabei die Masse gut durchkneten. Der Teig darf nicht zu feucht werden und an den Händen kleben. Sollte dies der Fall sein, etwas Mehl dazugeben. Ist der Teig zu trocken und bröselig, etwas Wasser dazugeben.

Der Teig kann in einem luftdichten Behälter im Kühlschrank zwei Tage aufbewahrt werden. Das ist praktisch, so können die Kinder sich bei dieser Bastelarbeit ausreichend Zeit nehmen und einfach immer wieder ein Stück vom Salzteig nehmen und verarbeiten.

Um Teig-Teile zusammenzufügen, werden die Verbindungsstellen vorher mit Wasser befeuchtet.

Die Figuren können an der Luft trocknen, das dauert zwei oder drei Tage. Oder sie werden im Backofen bei 100° C etwa 1 Stunde gebacken und dann noch einen Tag getrocknet. Die getrockneten Figuren können die Kinder mit Wasserfarben, Plakafarben oder Filzstiften anmalen. Zur besseren Haltbarkeit können die Kinder die Figuren mit farblosem Lack überpinseln.

Materialien wie Wolle, Stoff, Draht, Papier, Holz, Blätter werden einfach auf den noch feuchten, weichen Salzteig aufgedrückt und können im Ofen mitgebacken werden. Die Teile lassen sich aber auch mit Kleber auf dem getrockneten oder gebackenen Salzteig befestigen.

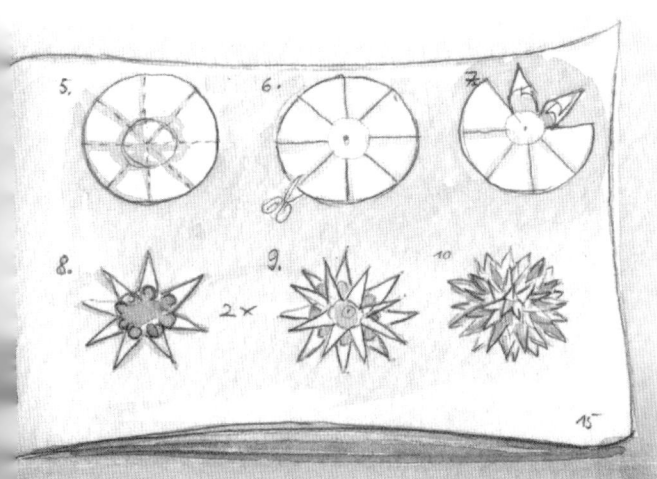

Die Landschaft

Die Krippenlandschaft zunächst aus Karton und kleinen Schachteln, mit Hügeln, Ebenen, Wegen und einer Fläche für den Stall bauen.

Dann die Kartons und Schachteln mit eingekleistertem Zeitungspapier überziehen, dabei die Ecken und Kanten mehrmals mit Kleisterpapier überkleben, so dass die Landschaft fließende Konturen erhält.

Nach dem Trocknen (je nach Kleisterpapierdicke dauert es bis zu 3 Tage!) die Landschaft mit Plakafarben bemalen.

Die Kulissen

Den Stall aus einer Schachtel bauen, mit Kleisterpapier überziehen und nach dem Trocknen anmalen.

Einen Stern über das Dach des Stalles kleben. Eine Krippe ist eigentlich ein Futtertrog für Tiere, deshalb sieht es am schönsten aus, wenn das Gestell aus kleinen Zweigen gebaut wird, mit Seitenwänden aus Pappe.

Die Tannenzapfen als Bäume mit grüner Farbe überstreichen oder mit dünnem Kleisterpapier überkleben, trocknen, anmalen und zum besseren Stand auf Knete- oder Salzteigkugeln aufdrücken.

Als Büsche kleine Zweige in Knete- oder Salzteigkugeln drücken, so dass sie gut stehen.

Variation

Wer eine verschneite Krippenlandschaft möchte, sprüht Klebstoff aus der Sprühflasche darüber und lässt weißen Glimmer darauf rieseln.

Jeden Tag ein bisschen mehr Weihnachten

Hier sind zwei Anregungen, um die Vorfreude auf Weihnachten besonders zu genießen, denn jeden Tag passiert etwas, das auf das große Weihnachtsfest hinweist.

Weihnachtskrippe

Die Kinder bauen eine Landschaft für die Weihnachtskrippe mit Figuren (➤ S. 43 f.).
Doch erst ab dem 1. Dezember werden die Krippenfiguren aufgestellt, und zwar kommt jeden Tag eine Figur dazu: zuerst einzelne Schafe, dann nach und nach ein paar Hirten, Kinderfiguren, die drei Könige, Ochs und Esel, und ganz zum Schluss ziehen Maria, Josef und das Jesuskind in den Stall ein.

Weihnachtszimmer-Schmuck

Jeden Tag basteln die Kinder einen Weihnachtsschmuck (➤ S. 41 f.). Diesen Schmuck hängen sie im Raum auf oder sammeln ihn in einem Korb und schmücken später damit den Weihnachtsbaum.

Geschenke einpacken

Material: kleine Schachteln, Zeitungspapier, Wollfäden

Wie lässt sich das Papier um ein Päckchen falten und wie das Geschenkband schnüren und festknoten? Das üben die Kinder mit kleinen Schachteln, Zeitungspapier und Wollfäden. Dann können sie später ihre echten Geschenke allein verpacken.

Kleines Krippenspiel

Material: selbst gebastelte Krippenfiguren (➤ S. 43)

Die Gruppenleitung liest die Weihnachtsgeschichte vor. Parallel dazu spielen die Kinder mit den Figuren in der Krippenlandschaft (➤ S. 44), wie in einem Tischtheater.

Großes Krippenspiel

Gemeinsam mit den Kindern wird das weihnachtliche Theaterstück geplant: Die Rollen werden besprochen und zugeteilt, die Spielszenen überlegt, die Kostüme zusammengetragen, Kulissen und Requisiten gebaut.
Dabei müssen die Kinder folgende Entscheidungen treffen:

Die Geschichte

Soll die Bibelgeschichte vorgelesen oder frei erzählt werden? Sollen die Schauspieler während der Erzählung selber etwas sagen oder parallel zur Geschichte nur stumm das Geschehen in eine Spielszene umsetzen?

Die Rollen

Natürlich gibt es eine Maria und einen Josef. Wird das Jesuskind eine Puppe sein oder nur ein eingepacktes Windelbündel? Und wie viele Engel und Hirten spielen mit? Kommen auch die Heiligen Drei Könige vor?

Die Kostüme

Genügen einfache Umhänge oder Ponchos aus alten Stoffen oder wollen die Kinder zu Hause in den Kleiderschränken nachschauen, ob etwas Passendes zum Verkleiden dabei ist? Was lässt sich selber basteln, z. B. die Kronen für die Könige?

Die Tiere
Material für Masken: Pappteller, Farben, Fotokarton oder Krepppapier, Schere

Sollen auch Tiere auftreten? Dann könnten die Tier-Darsteller Vorhaltemasken anfertigen. Dabei werden die Tiergesichter auf einen Pappteller gemalt, die Ohren aus Fotokarton oder Krepppapier angeklebt und die Maske beim Spielen einfach mit einer Hand vor oder neben das Gesicht gehalten.

Die Kulissen
Die Stallwände könnten mit einfachen Tüchern angedeutet werden. Aufwändiger ist ein kleiner Stall aus Brettern oder großen Pappwänden, in den Maria, Josef und das Jesuskind hineinpassen. Wollen die Kinder eine Krippe bauen, oder hält Maria ihr Jesuskind einfach im Arm?

Die Requisiten
Die Hirten und die drei Könige schenken dem Jesuskind etwas. Was könnte das sein? Ein Schmusetier-Schäfchen, eine Puppendecke, eine mit vielen Glasperlen beklebte Schachtel, ein Glasgefäß mit goldenen Christbaumperlenschnüren oder Glitzerperlen.

Das Spiel
Sind alle Details besprochen, geht es an die Umsetzung. Die Kinder spielen mehrmals die Geschichte durch, wechseln sich in den Rollen ab und entscheiden miteinander, wer bei der Aufführung welche Rolle übernimmt. Ist diese Entscheidung für die Kinder zu schwierig oder zu dramatisch, könnte ein Los entscheiden: Alle, die Maria spielen wollen, ziehen ein Los, aber nur auf einem Zettel steht „Maria". Wer einen Engel spielen will, macht beim Verlosen der Engel-Rolle mit. So geht es weiter, bis alle Rollen vergeben sind.

Bei den Proben zuerst das ganze Spielstück in kleine Spielszenen aufteilen. Jede Szene einzeln durchspielen, mehrmals wiederholen, dabei Spielvarianten ausprobieren und dann die Darstellungsform auswählen, die allen am besten gefällt. Bei diesen Spielimprovisationen lernen die Kinder so ganz nebenbei den Spielablauf und gewöhnen sich daran, dass andere zuschauen.

Die Aufführung
Alles ist besprochen, entschieden, ausprobiert, geübt, vorbereitet.
Die Aufführung kann beginnen – für die Kinder bleibt es ein Spiel!

Zimtsterne

Dieses Rezept stammt aus dem handgeschriebenen Backbuch von Großmutter Nani.

Zutaten für den Teig: 3 Eier, 500 g Puderzucker, 500 g geriebene Haselnüsse, 2 EL Mehl, 1 gestrichener TL Zimt, 1/2 abgeriebene Zitronenschale

Zutaten für die Glasur: 200 – 250 g Puderzucker, 2 Eiweiß

Vorbereitung: Arbeitsfläche bemehlen, Backblech mit Backpapier auslegen, Backofen auf 150° C vorheizen

Eiweiß steif schlagen.
Eigelb und Zucker untermengen und zu einem glatten Teig rühren.
Alle restlichen Zutaten untermischen.
Den Teig ca. 1/2 cm dick auswellen, Sterne ausstechen und auf das Backblech legen.
Über Nacht trocknen lassen.

Glasur
Zucker und Eiweiß verrühren, bis die Zuckermasse dickflüssig und geschmeidig ist.
Vor dem Backen die Sterne mit Hilfe eines Backpinsels mit Eiweißglasur bestreichen.
Im Backofen 15 – 20 Minuten auf der unteren Schiene backen.
Auf dem Kuchengitter abkühlen lassen.
In Blechbüchsen aufbewahren, damit sie nicht hart werden.

Tipp
Ein dünner Apfelschnitz in der Blechdose hält die Zimtsterne bestimmt weich.

Haselnussmakronen

Zutaten für den Teig: 6 Eiweiß, 500 g Puderzucker, 1 Päckchen Vanillezucker, 500 g geriebene Haselnüsse, kleine, runde Oblaten, 1 Päckchen ganze Haselnüsse zum Belegen

Vorbereitung: Arbeitsfläche bemehlen, Backblech mit Backpapier auslegen, Backofen auf 180° C vorheizen

Eiweiß steif schlagen.
Zucker dazugeben und zu einer dickflüssigen Masse verrühren.
Geriebene Haselnüsse untermengen.
Auf jede Oblate mit Hilfe eines Teelöffels kleine Häufchen setzen und in die Mitte eine ganze Haselnuss eindrücken.
Im Backofen 15 – 20 Minuten backen.
Auf dem Kuchengitter abkühlen lassen.
In Blechbüchsen aufbewahren, damit sie weich bleiben.

Weihnachtspunsch für Kinder

Zutaten: 1 l Früchtetee, 1 l Orangensaft, Saft einer Zitrone, 1 Beutel Glühweingewürz, Zucker oder Honig

Tee und Säfte in einen Topf gießen, Gewürzbeutel dazugeben und erhitzen.
Gewürzbeutel herausnehmen und das Getränk mit Zucker oder Honig abschmecken.

O du fröhliche, o du selige, gnadenbringende Weihnachtszeit

Musik: Volkslied aus Sizilien, 18. Jh.; aufgeschrieben von Johann Gottfried Herder 1788
Text: Johannes Daniel Falk, 1816 (1. Strophe), Heinrich Holzschuber 1829 (2. – 3. Strophe) ◉ Nr. 8

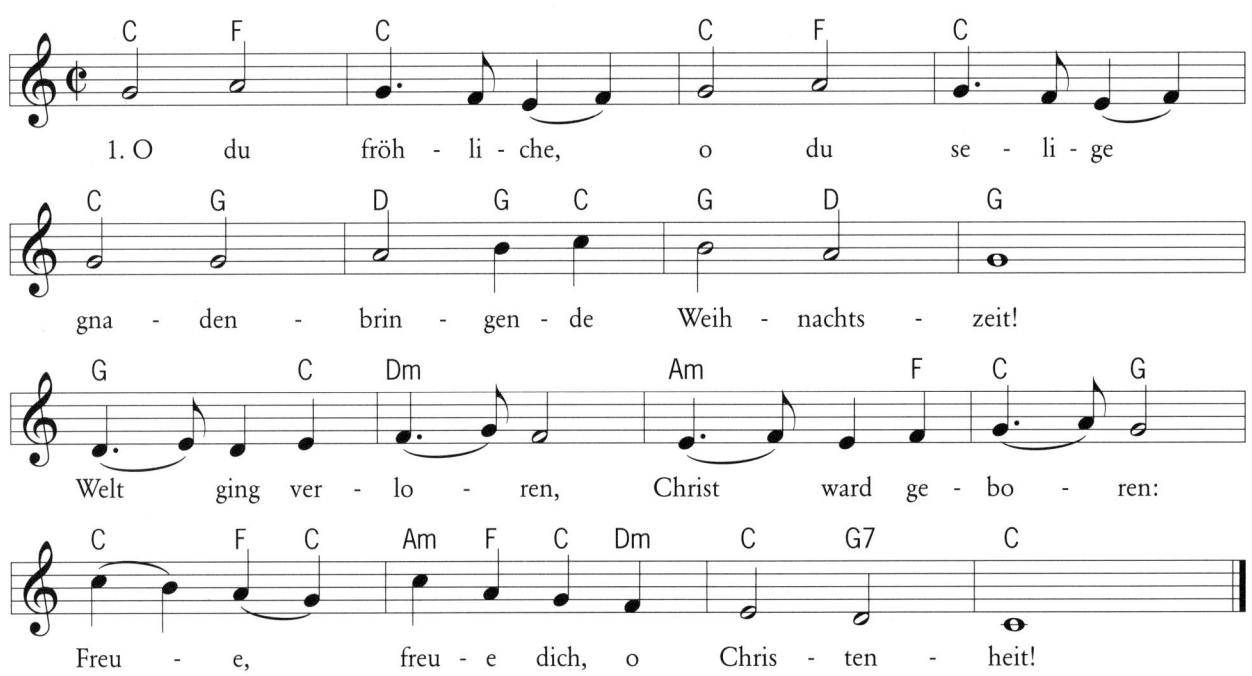

1. O du fröh - li - che, o du se - li - ge gna - den - brin - gen - de Weih - nachts - zeit! Welt ging ver - lo - ren, Christ ward ge - bo - ren: Freu - e, freu - e dich, o Chris - ten - heit!

1. O du fröhliche, o du selige,
gnadenbringende Weihnachtszeit!
Welt ging verloren, Christ ward geboren:
Freue, freue dich, o Christenheit!

2. O du fröhliche, o du selige,
gnadenbringende Weihnachtszeit!
Christ ist erschienen, uns zu versühnen:
Freue, freue dich, o Christenheit!

3. O du fröhliche, o du selige,
gnadenbringende Weihnachtszeit!
Himmlische Heere, jauchzen dir Ehre:
Freue, freue dich, o Christenheit!

Das klassische Weihnachtsfest, zu dem die Kinder ihre Familien einladen

Sinn des traditionellen Weihnachtsfestes

Ein Weihnachtsfest immer wieder gleich oder ähnlich zu feiern, hat seinen ganz besonderen Reiz. Vor allem kleinere Kinder finden es aufregend, gerade weil sie den Ablauf des Weihnachtsfestes schon ein bisschen kennen. Sie erinnern sich gerne daran, wie das Fest vor einem Jahr war, und warten jetzt schon darauf, dass es dieses Jahr wieder genau so ablaufen wird. Ältere Kinder und Jugendliche hingegen finden Abwechslung und eine Alternative zum althergebrachten Weihnachten interessanter. Wer also Neues sucht, schaue in den nachfolgenden Kapiteln nach.

Zu dem hier beschriebenen Fest werden die Eltern eingeladen, und die Kinder machen bei den Vorbereitungen mit. Das „Weihnachtszimmer" sollte ausreichend groß sein. Wenn es dafür im Kindergarten, in der Schule oder im Kinder- und Jugendhaus keinen geeigneten Raum gibt, bietet sich der Gemeindesaal der Kirche oder des Rathauses an.

Für Eltern, ErzieherInnen und LehrerInnen

„Klassisch" ist noch gar nicht so alt. Und was der eine als „klassisch" ansieht, ist dem anderen ganz unbekannt. Wenn sich die Erwachsenen in einem Gespräch darüber unterhalten, wie es in ihrer Kindheit zu Weihnachten war, dann bekommen sie über diese Erinnerung vielleicht wieder Lust, das Weihnachtsfest mit ihren Kindern in dieser Tradition fortzusetzen.

Einladung

Die Kinder malen ein großes Plakat für die Tür, das das geplante Weihnachtsfest ankündigt. Tag und Uhrzeit sind darauf nicht zu übersehen. Jedes Kind malt zudem eine extra Einladung in Form eines Schmuckbildes, die es seinen Eltern überreicht und zu Hause an die Wohnzimmertür hängt.

Raumschmuck

Das Weihnachtszimmer schmücken die Kinder gemeinsam mit ihrem selbst gebastelten Weihnachtsschmuck (➤ S. 41 f.). Nach dem Fest in der Gruppe darf jedes Kind seinen Schmuck nach Hause mitnehmen.

Türschmuck

Am Tag des Festes wird der Türrahmen des Weihnachtszimmers mit Tannenzweigen und Sternen geschmückt. Auch dabei helfen die Kinder.

Tischdekoration

Die Kerzenständer (➤ S. 28) werden auf den Tischen verteilt, ebenso einige Basteleien aus Goldpapier (➤ S. 41 f.). Das Dekorieren übernehmen die Kinder, dann wissen sie, wie sie später beim Weihnachtsfest zu Hause den Tisch festlich schmücken können.

Außerdem können noch Papierservietten zusammengerollt und mit einem Goldfaden umwickelt werden.

Auf Tellern wird das selbst gebackene Weihnachtsgebäck (➤ S. 47) verteilt und auf die Tische gestellt.

Vorab Naschen ist diesmal nicht erlaubt!

Vorbereitung

Neben den zahlreichen Vorbereitungen, die jedes Fest mit sich bringt, hier noch ein paar Anregungen für die Bescherung, falls sie gewünscht ist. In alle Päckchen das gleiche Geschenk verpacken, z. B. ein Teelicht in einem mit Sternen beklebten oder bemalten Glas oder einen Halbedelstein in einem Samtsäckchen. Diese Geschenke kurz vor dem Fest unter den Christbaum legen.

Festverlauf

Die Kinder treffen sich mit ihren Eltern im Treppenhaus oder Vorraum.
Jetzt heißt es für Eltern und Kinder, ein kleines Weilchen zu warten, bis alle Vorbereitungen im Raum getroffen sind:
Im Weihnachtszimmer werden alle Kerzen angezündet.
Als Überraschung wird ein kleiner Christbaum aufgestellt, der vorher geschmückt und versteckt wurde. Darunter werden die Geschenkpäckchen verteilt.
Eine Glocke gibt das Zeichen, dass die Kinder mit ihren Familien ins Weihnachtszimmer einziehen dürfen. Alle halten sich an den Händen und kommen singend herein. Wie bei einer Polonaise wandern Groß und Klein durch den Raum, vorbei am Christbaum, an der Krippe, rund um die geschmückten Tische. Dann kommen die Kinder zum Christbaum und singen das Weihnachtslied „Am Weihnachtsbaum die Lichter brennen" (➤ S. 40).
Danach setzen sich alle an die Tische. Eine Geschichte wird vorgelesen (➤ S. 35 oder 39) oder ein Gedicht vorgetragen (➤ S. 42).
Danach werden die Gäste mit Weihnachtsgebäck und Weihnachtspunsch (➤ S. 47) bewirtet.

Aufführung

Das Krippenspiel kann entweder als Tischtheater mit den Krippenfiguren (➤ S. 43) oder als Theaterspiel (➤ S. 45 f.) vorgeführt werden. In beiden Fällen den Bibeltext (➤ S. 35) vortragen, die Figuren oder Spieler stellen dar und spielen nach, was gerade in der Geschichte berichtet wird.

Bescherung

Nach dem Krippenspiel darf sich jedes Kind eines von den Geschenkpäckchen holen, die unter dem Christbaum liegen.

Abschluss

Die Kinder singen miteinander „O du fröhliche" (➤ S. 48). Schön wäre es, wenn die Eltern auch mitsingen würden, deshalb ist es sinnvoll, ihnen eine Kopie des Liedes zu überreichen, die vielleicht sogar von den Kindern mit Weihnachtsornamenten bunt verziert ist.
Mit einem Glöckchenbimmeln wird das Ende des Festes angekündigt und die Deckenbeleuchtung wieder eingeschaltet.
Die Kinder sammeln ihren Weihnachtsschmuck für zu Hause ein und bekommen vielleicht noch eine Kopie der Weihnachtsgeschichte. Jetzt sind sie mit allem ausgestattet, was sie für ein Weihnachtsfest zu Hause brauchen.

Zum Feiern zu Hause

Die Kinder haben gelernt, wie sie eine Krippenlandschaft bauen, Figuren dazu basteln und das Krippenspiel als Tischtheater aufführen. Sie kennen Weihnachtslieder und die Weihnachtsgeschichte. Sie können einen Raum weihnachtlich dekorieren und einen festlichen Tisch schmücken. Somit können sie zu Hause ihre Eltern tatkräftig dabei unterstützen, ein Familien-Weihnachtsfest in alter Sitte zu gestalten.

Weihnachten ganz einfach

Kinder feiern in ihrer Gruppe ein einfaches Weihnachtsfest

Schwerpunkt-Themen
* Hirten und Schafe
* Schenken

Von Arm und Reich, sprechenden Tieren und wahren Geschenkorgien

Ein Jesus für die Armen

Jesus wurde in einem Stall geboren, und arme Hirten auf dem Feld erfahren als Erste von dem Wunder, das in Bethlehem geschehen ist. So berichtet es das Lukas-Evangelium (➤ S. 35). Die frühen Christen feierten die Geburt des Erlösers in bescheidenem Rahmen, nachdem sie vorher gefastet hatten. Jesus wandte sich besonders an die Armen. Das hat Tradition schon im Alten Testament: So plädiert Jesaja – wie fast alle alttestamentarischen Propheten – für einen Ausgleich zwischen Arm und Reich: „Brich dem Hungrigen dein Brot, und die, so im Elend sind, führe in das Haus; so du einen nackt siehst, so kleide ihn ..." (Jesaja, 58). Der Gedanke an den römischen Söldner Martin, der seinen Mantel teilt, als ihn ein lumpiger Bettler um eine milde Gabe anfleht, liegt nicht so fern. Die Geschichte ist ein beliebter Anlass, um schon mit Kindergartenkindern über Teilen und Nächstenliebe zu reden. Und der Martinstag am 11. November gehört zum ersten Tag der vorweihnachtlichen Bräuche. Auch hier verbindet sich christliche Legende mit alten Überlieferungen. Wotan oder Odin, der germanische Obergott, soll an diesem Tag über Land geritten sein. Aus diesem Anlass feierten die Menschen eine Art Erntedankfest mit üppigem Essen.

Zu Martini trieben die Viehhirten die Tiere in den Stall zurück und brachten dem Bauern die so genannte Martinsgerte mit, die aufbewahrt und im Frühjahr für den Viehaustrieb wieder genutzt wurde.

Geweihte Kräuter für die Tiere

Neben dem Neugeborenen stehen Ochs und Esel im Stall von Bethlehem – so will es die Legende. Entsprechend liebevoll gingen die Menschen auf dem Land mit ihren Tieren in der Heiligen Nacht um. Sie bekamen besonders Gutes und besonders viel zu fressen, in einigen Gegenden wurden geweihte Kräuter unter das Futter gemischt. Auch hier spielte der Schutz vor Dämonen und bösem Zauber eine Rolle, verbunden mit der Hoffnung, im nächsten Jahr von Krankheiten verschont zu werden.

Nach altem Volksglauben wird den Tieren auch eine besondere Gabe zugeschrieben: Sie können in der Heiligen Nacht sprechen und die Zukunft voraussagen. Mit etwas Fantasie mag ein heimlicher Lauscher das zufriedene Wiederkäuen und die anderen Geräusche der wohl versorgten Tiere im Stall als Sprechen gedeutet haben.

Geschenke auf Gegenseitigkeit

Das Kind, das da mit seinen armen Eltern im Stall liegt, bekommt Besuch von armen Hirten. Und es erhält kostbare Geschenke von den Heiligen Drei Königen (dazu mehr auf S. 79 f.). Eigentlich sind Weihnachtsgeschenke als Geste der Liebe und Zuwendung zu verstehen. In diesem Sinne sind Gold, Myrrhe und Weihrauch genauso viel wert wie die staunende Anbetung der Schäfer.

Für denjenigen, der gibt und den, der nimmt, kann Schenken so eine Bereicherung sein, besonders, wenn sich der Beschenkte herzlich über die Gabe freut. Oft ist Schenken aber auch ein Akt auf Gegenseitigkeit mit der Formel: „Ich gebe dir, und du gibst mir." Ohne dass es uns bewusst ist, erwarten wir, dass wir auch vom anderen etwas bekommen, wenn wir ihm etwas geben; und wir haben das Bedürfnis, etwas zurückzugeben, wenn wir ein Geschenk erhalten. Je ferner uns der Gebende ist, desto wichtiger wird diese Gegenseitigkeit, je vertrauter wir uns sind, desto gelassener können wir mit ihr umgehen.

Zwischen Eltern und Kindern spielt Wechselseitigkeit kaum eine Rolle, Kinder untereinander achten jedoch ab einem bestimmten Alter durchaus auf Gerechtigkeit beim Geben und Nehmen.

An Weihnachten beschenken wir uns in der Regel gegenseitig. Dann spielt für viele die Frage nach der Art des Geschenks eine umso größere Rolle: Erfreut es den anderen und ist es der Art der Beziehung angemessen, oder fällt es zu klein oder gar übertrieben wertvoll aus? Keine leichte Frage, da bei einem Fehler das Beziehungsgefüge nachhaltig beeinträchtigt werden kann.

Mit Geschenken kann ich Gegner friedlich stimmen, Verbündete oder Ansehen gewinnen, aber auch den Beschenkten einschüchtern oder sogar erniedrigen. Das Potlatch-Ritual der Kwakiutl-Indianer am Pazifik, im Nordwesten

von Nordamerika, bedeutete einen regelrechten „Krieg" um den höheren Status: Wer für die Fässer voll Walöl, die Wolldecken oder Kupferplatten – sie dienten als Währung – nicht mindestens ebenso kostbare Gegengeschenke zurückgab, verlor so an Ansehen, dass er sich nicht mehr blicken lassen durfte.

Vielleicht könnten wir es ja angesichts wahrer Geschenkorgien zu Weihnachten mit einem Volk in der Südsee halten, das einen ganz wunderbaren Geschenkekult pflegte: Alle paar Jahre wurden die Schiffe mit wertvollen Schmuckstücken beladen und an Bewohner anderer Inseln verteilt. Diese kostbaren Geschenke blieben aber nur auf Zeit bei den Besitzern. Sie wurden in spätestens zwei oder drei Jahren, wiederum begleitet von feierlichen Zeremonien, weitergegeben. Vermutlich, so meinen Völkerkundler, garantierte dieser so genannte Kula-Ring, dass die Inselvölker friedlich zusammenlebten.

Auch das noch!

Die Jagd nach Geschenken treibt seltsame Blüten: Laut einer Untersuchung aus Großbritannien würden die meisten Engländer lieber zum Zahnarzt oder zur Arbeit als zum Weihnachtseinkauf gehen. Millionen von Inselbewohnern bekommen Kopfschmerzen bei dem Versuch, die passenden Geschenke zu finden. Sie rechnen mit 40 Stunden, die sie bei der Suche nach den durchschnittlich 16 Geschenken aufbringen müssten. Britische Frauen scheinen den Weihnachtseinkauf allerdings planvoller anzugehen als die Männer: Sie beginnen damit bereits im November oder sogar noch früher. Die Männer dagegen lassen sich in der Regel bis zur letzten Woche Zeit.

Lisa besucht den alten Schäfer

Bernhard Schön

Die kleine Lisa hat den ganzen Tag lang noch nichts Richtiges gegessen, nur heiße Milch getrunken, und jetzt kaut sie auf einem Stück Brot. Das ist bei der Familie von Lisa und im ganzen Dorf immer so gewesen am Heiligen Abend.

Deshalb wird Lisa auch nicht ungeduldig, weil sie weiß: Wenn sie tagsüber gefastet hat, dann wird sie abends auf dem Hof so lange nach oben schauen, bis das goldene Schweinchen am Himmel erscheint. Und wenn sie das goldene Schweinchen gesehen hat, dann geht sie wieder in die warme Stube, wo der geschmückte Tannenbaum steht. Alle setzen sich zusammen um den Tisch und essen Suppe. Und anschließend dürfen die Kinder ihre Geschenke auspacken, und es gibt einen ganzen Teller voll selbst gebackener Plätzchen für jeden. Aber jetzt ist es erst Mittag, und die Zeit wird Lisa doch etwas lang.

Da fällt ihr ein, dass sie ihren Freund, den Schäfer, besuchen könnte. Der alte Jan wohnt in seinem kleinen Schäferkarren draußen auf dem Feld. Eng ist es darin und gemütlich warm. Das findet auch Astor, der zottelige Schäferhund, der sich direkt neben dem Eisenofen zusammengerollt hat.

Lisa schlüpft in den warmen Raum und zieht schnell die Tür hinter sich zu. Astor schaut hoch und wedelt mit dem Schwanz. Lisa krault ihn hinter den Ohren, und der Hund macht es sich wieder bequem.

Lisa fragt Jan: „Freust du dich auch schon auf deine Geschenke heute Abend?"

Der alte Schäfer lächelt: „Weißt du, kleine Lisa, bei mir wird es nichts geben, außer dem Bäumchen, das ich mir schmücken werde. Wer sollte mir denn etwas schenken?"

Lisa hört ein bisschen Traurigkeit in der Stimme ihres Freundes.

„Aber du bist doch heute Abend zu Hause?", versichert sie sich. Sie hat nämlich eine Idee.

Inzwischen beginnt es zu dämmern, und Lisa zieht schnell ihre dicke Jacke an. Sie verabschiedet sich von Jan und Astor und wünscht den beiden fröhliche Weihnachten.

Auf dem Nachhauseweg trödelt sie, und so ist es dunkel, bis sie den Hof erreicht.

Dort warten schon Marianne und Matthias, ihre beiden Geschwister, und auch Lene und Anna, ihre beiden Kusinen. Sie sind, wie jedes Jahr, mit ihren Eltern aus dem Nachbardorf gekommen und feiern bei Onkel und Tante Weihnachten.

Erwartungsvoll schauen die Kinder in den Nachthimmel. Außer ein paar funkelnden Sternen ist nichts zu sehen. Die Augen und der Nacken tun ihnen schon weh, so angestrengt starren sie nach oben. Ob das goldene Schweinchen dieses Jahr nicht erscheinen wird?

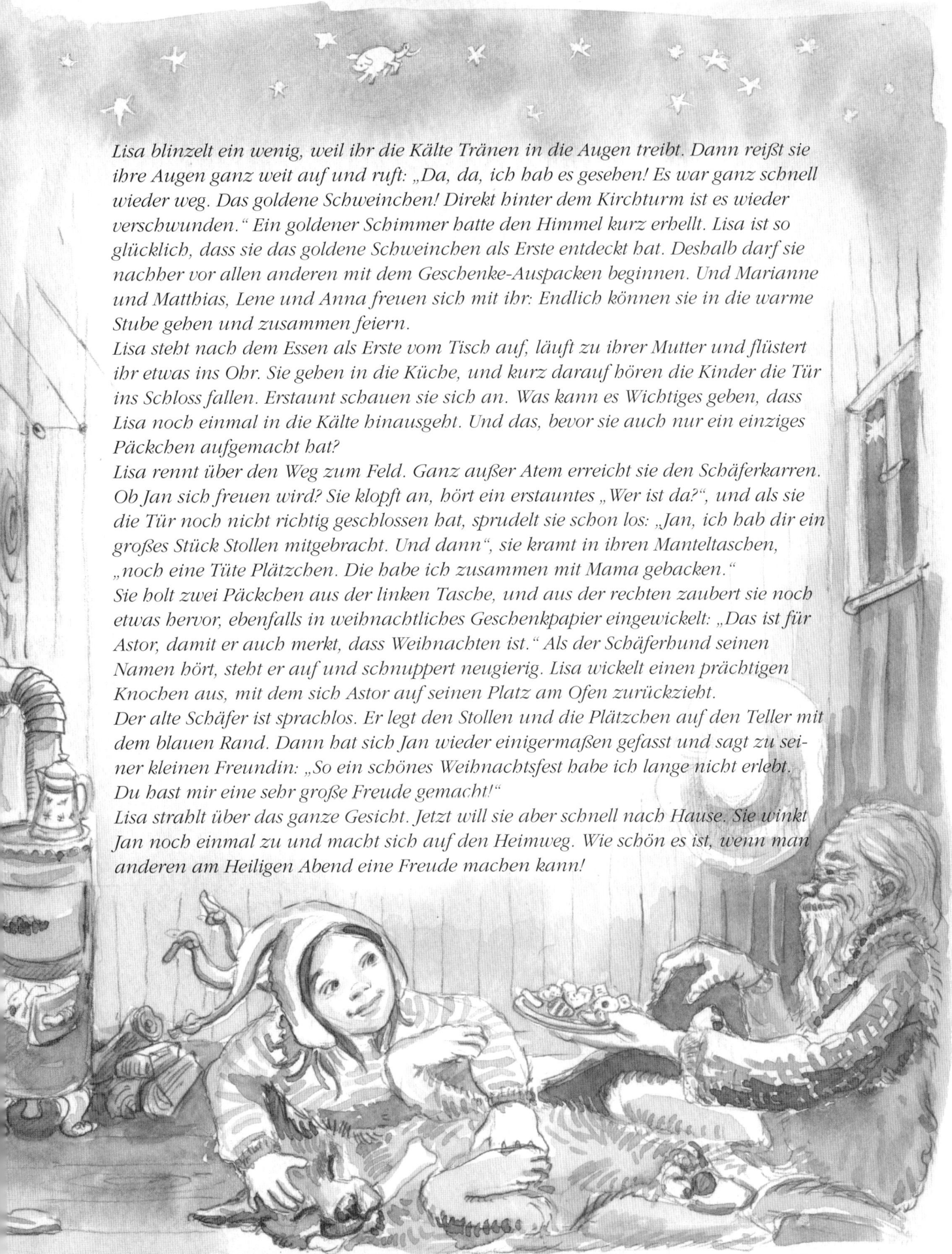

Lisa blinzelt ein wenig, weil ihr die Kälte Tränen in die Augen treibt. Dann reißt sie ihre Augen ganz weit auf und ruft: „Da, da, ich hab es gesehen! Es war ganz schnell wieder weg. Das goldene Schweinchen! Direkt hinter dem Kirchturm ist es wieder verschwunden." Ein goldener Schimmer hatte den Himmel kurz erhellt. Lisa ist so glücklich, dass sie das goldene Schweinchen als Erste entdeckt hat. Deshalb darf sie nachher vor allen anderen mit dem Geschenke-Auspacken beginnen. Und Marianne und Matthias, Lene und Anna freuen sich mit ihr: Endlich können sie in die warme Stube gehen und zusammen feiern.

Lisa steht nach dem Essen als Erste vom Tisch auf, läuft zu ihrer Mutter und flüstert ihr etwas ins Ohr. Sie gehen in die Küche, und kurz darauf hören die Kinder die Tür ins Schloss fallen. Erstaunt schauen sie sich an. Was kann es Wichtiges geben, dass Lisa noch einmal in die Kälte hinausgeht. Und das, bevor sie auch nur ein einziges Päckchen aufgemacht hat?

Lisa rennt über den Weg zum Feld. Ganz außer Atem erreicht sie den Schäferkarren. Ob Jan sich freuen wird? Sie klopft an, hört ein erstauntes „Wer ist da?", und als sie die Tür noch nicht richtig geschlossen hat, sprudelt sie schon los: „Jan, ich hab dir ein großes Stück Stollen mitgebracht. Und dann", sie kramt in ihren Manteltaschen, „noch eine Tüte Plätzchen. Die habe ich zusammen mit Mama gebacken."

Sie holt zwei Päckchen aus der linken Tasche, und aus der rechten zaubert sie noch etwas hervor, ebenfalls in weihnachtliches Geschenkpapier eingewickelt: „Das ist für Astor, damit er auch merkt, dass Weihnachten ist." Als der Schäferhund seinen Namen hört, steht er auf und schnuppert neugierig. Lisa wickelt einen prächtigen Knochen aus, mit dem sich Astor auf seinen Platz am Ofen zurückzieht.

Der alte Schäfer ist sprachlos. Er legt den Stollen und die Plätzchen auf den Teller mit dem blauen Rand. Dann hat sich Jan wieder einigermaßen gefasst und sagt zu seiner kleinen Freundin: „So ein schönes Weihnachtsfest habe ich lange nicht erlebt. Du hast mir eine sehr große Freude gemacht!"

Lisa strahlt über das ganze Gesicht. Jetzt will sie aber schnell nach Hause. Sie winkt Jan noch einmal zu und macht sich auf den Heimweg. Wie schön es ist, wenn man anderen am Heiligen Abend eine Freude machen kann!

Stabfiguren

Kinder lieben es, Geschichten nachzuspielen. Mit einfachen, nicht sehr großen Stabfiguren gelingt dies sehr spontan.

Material: Kartonpapier, Stoff oder Buntpapier, Stab

Die Figuren – z. B. Lisa und die anderen Kinder, die Mutter, der Schäfer, der Schäferhund und natürlich das goldene Schweinchen – auf Kartonpapier malen und ausschneiden.
Die Figuren mit Stoff und Buntpapieren oder anderen Bastelsachen bekleben und an einem Stab befestigen.

Improvisierte Theaterbühne

Material: Wäscheleine, Tuch, Äste, Tannenzweige, Faden, kleine Sicherheitsnadeln

Eine Wäscheleine über eine Zimmerecke spannen, ein Tuch darüber hängen.
Äste und Tannenzweige an Fäden aufhängen und mit Sicherheitsnadeln an das Theatertuch anstecken.

Weihnachten als Geschenkefest

Weihnachten verwandelt sich immer mehr zum maßlosen Geschenkefest, angekurbelt von Anspruch und Erwartung. Auch der Weihnachtsschmuck wird immer glänzender, teurer. Wer diesem konsumorientierten Trend etwas entgegensetzen möchte, kann mit seiner Kindergruppe einmal ein ganz einfaches Weihnachten feiern. Dazu sind hier Bastelideen mit Materialien, die normalerweise weggeworfen werden, zusammengetragen.

Perlenschlange

Material: Zahnstocher oder Schaschlikstab, Kleber, Nadel und Faden, von den Kindern gesammeltes buntglitzerndes Bonbonpapier

Das Bonbonpapier glatt streichen, dann über den Zahnstocher aufrollen.
Das Ende der kleinen Papierrolle festkleben und den Zahnstocher herausziehen.
Viele Bonbonpapier-Rollen herstellen, alle auf eine Nadel mit langem Faden aufziehen und zum Schluss Aufhängeschlaufen in die Fadenenden knüpfen.

Glitzeranhänger

Material: Ausstechförmchen (mit weihnachtlichen Motiven), Schere, Basteldraht oder Nadel und Faden, weiches Wolltuch als Unterlage, von den Kindern gesammeltes Gold- und Silberpapier, z. B. glitzerndes Verpackungsmaterial von Keksen

Das Gold- oder Silberpapier glatt streichen, auf die weiche Unterlage legen und ein Ausstechförmchen aufdrücken.
Die eingedrückte Form ausschneiden, einen etwa 10 cm langen Basteldraht durchstechen und daraus eine Aufhängeschlaufe biegen.
Oder die Form mit einer Nadel durchstechen, Faden durchziehen und zur Schlaufe knüpfen.

Geschenkpapier

Material: Schere, Kartoffeln, Messer, kleine Ausstechförmchen (mit weihnachtlichen Motiven), Plakafarbe, Pinsel, von den Kindern gesammeltes gebrauchtes Packpapier

Das Packpapier so zuschneiden, dass Adresse und unschöne Risse an den Rändern wegfallen.
Für den Kartoffelstempel eine Kartoffel halbieren, eine kleine Ausstechform in die Schnittfläche drücken und vom Rand her bis zur Form die Kartoffel einschneiden, so dass am Schluss nur noch die Form übersteht.
Die Ausstechform wieder abnehmen, das Stempelmotiv mit Plakafarbe bestreichen und auf das Packpapier drucken.
Auf diese Weise ein Muster auf das Papier aufdrucken.

Variante
Aus dem Papier können die Kinder auch Briefumschläge falten und zusammenkleben.

Geschenktüte

Material: angerührter Tapetenkleister, farbige Holzbeizen, Pinsel, leere, ausgespülte Marmeladengläser, Locher oder dicke Nadel, von den Kindern gesammelte Einkaufstüten aus Papier ohne Aufdrucke, alte Geschenkbänder

Den Tapetenkleister in mehrere Marmeladengläser verteilen, pro Glas eine andere Holzbeize dazugeben und verrühren.
Mit dem Pinsel zuerst eine der Kleisterfarben auf die Papiertüte verteilen, danach eine andere Farbe darüber oder daneben verteilen.
Jeder Pinselstrich hinterlässt eine eigene Farbspur. So lassen sich Wellen, Kreise, Punkte, Zickzacklinien oder Weihnachtsmotive herstellen.
Wenn die Tüte keine Trageschlaufe hat, an passender Stelle jeweils zwei Löcher bohren, zwei etwa 30 cm lange Geschenkbänder durchziehen und verknoten.

Abendgebet

Bernhard Schön

Weihnachtsmann, ich träum davon:
Schenk mir eine Play-Station
mit neuen Spielen, ist doch klar.
Das wäre einfach wunderbar!

Ein Handy für meinen Papa,
für Mama eine Kamera,
die digitale Bilder macht,
das wär was für die heil'ge Nacht.

Bring Oma einen Laptop mit.
Ich zeige ihr, das wär der Hit,
wie's Mailen klappt und Internet,
dann geh ich auch sofort ins Bett. –

Versprochen!

Weide-Landschaft

Material: Naturmaterialien (Rinde, Moos, Tannenzapfen, Zweige), Papier, Buntstifte, Schere, Schafwolle, Streichhölzer, Knete oder Salzteig

Mit Rinde, Moos, Tannenzapfen und Zweigen gestalten die Kinder eine kleine Tischlandschaft. Vor allem die Wiese muss groß ausfallen, denn da werden viele Schafe weiden.
Jede Woche bastelt jedes Kind ein Schäfchen, das es in die Weidelandschaft stellt. Die Schafe können unterschiedlich hergestellt werden:

* Auf ein gefaltetes Papier ein Schaf aufmalen, ausschneiden, die beiden Seiten aufklappen, so kann das Schaf stehen.
* Aus Schafwolle den Körper knäueln, den Kopf aus Papier und die Beine aus Streichhölzchen aufkleben.
* Aus Knete oder Salzteig (➤ S. 43) kleine Schafe formen und an der Luft trocknen lassen.

Als Überraschung werden am Weihnachtsfest die traditionellen Krippenfiguren dazu gestellt.

Schreibspiel

Wie viele neue Wörter kann man mit den Buchstaben des Wortes WEIHNACHTEN schreiben? Das braucht nicht ein Wettspiel zu sein, sondern kann auch einfach ein Buchstaben-Legespiel zu zweit werden.

Material: Papier, Stifte, Schere

Die Buchstaben des Wortes „WEIHNACHTEN" verstreut auf ein Blatt Papier schreiben und einzeln ausschneiden (➤ Abb. S. 60).
Die Kinder legen mit den Buchstaben neue Wörter und notieren diese auf einem Zettel.

Schneesterne

Ein Rezept von Fritzi

Zutaten für den Teig: 250 g Mehl, 100 g Zucker, 1 Päckchen Vanillezucker, 50 g gemahlene Mandeln, 2 Eigelb, 180 g Butter
Zutaten für die Glasur: 200 g Puderzucker, 2 EL lauwarme Milch, blaue Speisefarbe, Hagelzucker
Material: Ausstechförmchen (Sterne)
Vorbereitung: Arbeitsfläche bemehlen, Backblech mit Backpapier auslegen, Backofen auf 180° C vorheizen

Von den Teigzutaten einen Mürbteig herstellen (➤ S. 16).
Teig 1/2 cm dick auswellen, viele Sterne ausstechen und auf das Backblech legen.
Im Backofen 12 Minuten backen.
Auf dem Kuchengitter abkühlen lassen.

Glasur
Puderzucker und lauwarme Milch zu einem glatten Brei verrühren und tropfenweise Speisefarbe einrühren, bis der gewünschte eisblaue Farbton erreicht ist.
Die Sterne mit der Glasur bestreichen und die Hagelzuckerkörner wie Schneekristalle darauf anordnen.

Honigbonbons

Zutaten: 300 g gemahlene Haselnüsse, 300 g gemahlene Mandeln, 50 g gemahlene Walnusskerne, 500 g Honig, 400 g feiner Zucker, 1/2 TL gemahlener Zimt, 1/2 TL Koriander, 1 Messerspitze gemahlene Gewürznelken
Vorbereitung: Backblech mit Alufolie auslegen

Honig und Zucker in einem Topf auf kleiner Hitze unter ständigem Rühren flüssig werden lassen.
Topf vom Herd nehmen, gemahlene Nüsse und Gewürze einrühren.
Gesamte Honigmasse auf das mit Alufolie ausgelegte Backblech stürzen und glatt streichen.
Masse hart werden lassen, so dass sie zu schneiden ist. Das kann länger als einen halben Tag dauern.
Die Masse von der Alufolie lösen und in bonbongroße Stücke schneiden.

Was soll das bedeuten

traditionelles Hirtenspiel, Reigentanz

1. Was soll das be - beu-ten, es ta - get ja schon. Ich
weiß wohl, es geht erst um Mit - ter - nacht 'rum.

Schaut nur da - her, schaut nur da - her, wie

glän - zen die Stern - lein, je län - ger, je mehr.

1. Was soll das bedeuten, es taget ja schon,
ich weiß wohl, es geht erst um Mitternacht 'rum.
Schaut nur daher, schaut nur daher,
wie glänzen die Sternlein, je länger je mehr.

2. Treibt z'sammen, treibt z'sammen, die Schäflein fürbass,
treibt z'sammen, treibt z'sammen, dort zeig' ich euch was.
Dort in dem Stall, dort in dem Stall
werdet Wunderding sehen, treibt z'sammen einmal.

3. Ich hab' nur ein wenig von weitem geguckt,
da hat mir mein Herz schon vor Freuden gehupft:
Ein schönes Kind, ein schönes Kind
liegt dort in der Krippe bei Esel und Rind.

Das einfache Weihnachtsfest, das die Kinder unter sich feiern

Sinn des Festes

Bei diesem Fest steht im Vordergrund: Zusammensein, fröhlich miteinander feiern, Zeit füreinander haben – zum Spielen, Reden, Geschichten Erzählen und Vorlesen. Der Weihnachtsbaum ist einfach geschmückt, die Geschenke fallen klein aus. Doch die Freude miteinander soll umso größer werden.

Um das Fest auch wirklich schlicht zu halten, ist es sinnvoll, in einer kleineren Gruppe zu feiern. Die Kinder erleben so intensiver, was Gemeinschaft bedeutet.

Für Eltern, ErzieherInnen und LehrerInnen

In der Geschichte „Lisa besucht den alten Schäfer" (➤ S. 54 f.) hat Lisa die größte Weihnachtsfreude daran, dass sie ihrem alten Freund eine Freude bereiten kann. Die Geschichte bringt zugleich zum Ausdruck, dass das gemeinsame Erlebnis und der gemeinsame Verzicht (z. B. beim Fasten) wichtiger sind als ein großer Berg von Geschenken.

Einladung

Die Kinder feiern unter sich. In einem Schreiben werden die Eltern darüber informiert und der Termin des Festes genannt, damit alle Kinder kommen und mitfeiern können. Das Briefpapier und den Umschlag gestalten die Kinder wie das Geschenkpapier (➤ S. 57).

Raumschmuck

Die Kinder machen lange Girlanden mit den Perlenketten (➤ S. 57) und hängen sie im Raum auf.

Die Glitzeranhänger (➤ S. 57) werden an bereits vorhandene oder extra dafür aufgehängte Tücher mit Stecknadeln geheftet.

Baumschmuck-Spiel

Gerade bei diesem einfachen Weihnachtsfest sollte ein kleiner Tannenbaum nicht fehlen. Er wird zunächst nur mit Kerzen besteckt.

Die Kinder dekorieren den Baum während des Festes mit ihrem selbst gebastelten Christbaumschmuck.

Zuerst besprechen sie miteinander, welche und wie viele Sachen jedes Kind aufhängen darf.

Dann beginnt das Spiel. Im Hintergrund wird leise Weihnachtsmusik (z. B. Stücke von der CD zu diesem Buch) gespielt, so kommt eine feierliche Stimmung auf.

Alle Kinder hängen gleichzeitig ihren Christbaumschmuck auf. Sie achten dabei aufeinander und helfen sich gegenseitig.

Spielzeug-Schmuck

Jedes Kind sucht aus den Spielzeugkisten etwas Kleines aus, macht einen Wollfaden daran und hängt es als Schmuck an den Baum.

Oder es malt etwas Besonderes auf eine Karte, schneidet diese aus und hängt das Bild mit einer Fadenschlaufe an den Baum.

Zum Schluss erklärt jedes Kind, warum es dieses Spielzeug oder Bild für den Christbaum ausgewählt hat.

Tischschmuck

Die Kinder schmücken die Tische mit gebastelten Perlenketten (➤ S. 57), Tannenreisig und Naturmaterialien.

Was eignet sich als Kerzenständer? Die Kinder beraten miteinander, tauschen ihre Ideen aus und stimmen ab, welche Ausführung ihnen am besten gefällt.

„Was soll das bedeuten"
(Liedgestaltung)

Material: dicke, kurze Äste, größere Kieselsteine, Tannenzapfen, 1 großer Topf oder Krug aus Ton

Die Melodie von „Was soll das bedeuten" (➤ S. 61) kann mit einem einfachen Grundrhythmus auf selbst gebastelten Instrumenten begleitet werden. Dabei ist zu beachten, dass das Lied mit einem Auftakt beginnt und die Kinder erst danach mit ihrem Rhythmusspiel einsetzen.
Mit den Rhythmus-Instrumenten (Äste, Kieselsteine, Tannenzapfen und große Tonkrüge) wird folgendermaßen gespielt:

✴ Klangstäbe: 2 dicke, kurze Äste gegeneinander klopfen, dazu kurze Rhythmen anschlagen ♪♪♩ | ♪♪♩

✴ Klangsteine: 2 größere Kieselsteine gegeneinander schlagen, dazu Synkopen anschlagen ♩♩♩ | ♩♩

✴ Tannenzapfenrätsche: Mit einem Ast an einem großen Tannenzapfen entlang rätschen, dazu lange Töne anschlagen ♩. | ♩.

✴ Tontopf-Trommel: Einen großen Topf oder Krug aus Ton mit der flachen Hand anschlagen, dazu Synkopen. ♩♩♩ | ♩♩

Aufführung

Die Kinder führen ein Stabfiguren-Theater mit ihren selbst gebastelten Stabfiguren auf (➤ S. 56). Das bauen und üben sie ein paar Tage vor dem Fest. Gespielt wird entweder das Weihnachtsevangelium (➤ S. 35) oder die Geschichte „Lisa besucht den alten Schäfer" (➤ S. 61).

Bescherung

Die Kinder kleben und gestalten kleine Geschenktüten (➤ S. 57) und geben sie am Tag vor dem Fest ab. Heimlich werden diese mit den selbst gemachten Honigbonbons und Schneesternen (➤ S. 60) gefüllt. Die Kinder finden ihre Tüten im Weihnachtszimmer wieder.

Zum Feiern zu Hause

Die Kinder erhalten die Lieder und die Geschichte als Kopie. Zudem bekommen sie alle Bastelmaterialien, die sie brauchen, um die Landschaft mit den Schäfchen (➤ S. 59) zu Hause mit der Familie basteln zu können: Werden z. B. die Schäfchen aus Salzteig geformt, erhalten die Kinder das Rezept (➤ S. 43) oder einen fertig zubereiteten und in Frischhaltefolie verpackten Salzteig und Streichhölzer.
Vielleicht wird dann zu Hause am Heiligabend oder an einem der Feiertage die ganze Familie miteinander basteln.

Weihnachten als Fest der Nächstenliebe

Kinder feiern bei anderen ein Weihnachtsfest

Schwerpunkt-Themen

* Licht
* Kerzen
* Wünsche

Von leuchtenden Kerzen, Lichtmess und japanischer Weihnachtspost

In allen Kulturen und Religionen hat Licht einen besonderen Symbolwert – es erhellt die Finsternis, kann Trost spenden, steht für das wärmende Sonnenlicht und für geistige Erleuchtung. So weisen auch die brennenden Kerzen am Weihnachtsbaum darauf hin, dass mit der Geburt Jesu das Licht in die Welt gekommen ist.

Die Rituale alter Kulturvölker wurden noch von Öllampen oder Fackeln beleuchtet. Erst durch die Römer haben die Griechen Kerzen kennen gelernt. Das Wort „Kerze" leitet sich wahrscheinlich von dem althochdeutschen „karz" (= Docht) ab: Der geflochtene Baumwollfaden wird durch Talg, Paraffin oder Wachs gezogen, dem Material, aus dem die Kerze besteht. Die Kerzen in der Kirche sollen aus reinem Bienenwachs sein. Früher gab es spezielle Wachsmärkte, auf denen Bienenwachs angeboten wurde.

Mariä Lichtmess

An Lichtmess werden die Kerzen in einer feierlichen Prozession umher getragen und anschließend gesegnet. Dieser katholische Festtag erinnert an den von Lukas berichteten Besuch Marias mit dem Jesuskind im Tempel. Da nach Moses (Kap. 12, Vers 2 – 6) der Besuch des neuen Königs der Juden 40 Tage nach seiner Geburt stattfinden sollte, wurde der Termin auf den 2. Februar gelegt. Damit endet für Katholiken die Weihnachtszeit, in manchen Gegenden wird jetzt erst der Weihnachtsbaum entsorgt.

Bei „Mariä Lichtmess" hat das Christentum alte Überlieferungen und Bräuche ebenso aufgenommen und integriert wie beim Fest der Heiligen Luzia, das uns hier als Fest des Lichtes interessiert.

Die Heilige Luzia

Der 13. Dezember war vor der Einführung des Gregorianischen Kalenders Wintersonnenwende. In der Nacht konnten nach dem Glauben unserer Vorfahren die Dämonen Unheil bringen und die Schicksale für das nächste Jahr sich entscheiden. Aus ursprünglich furchterregenden Figuren entwickelte sich in der christlichen Lichtgestalt der Luzia (von lateinisch lux = Licht) eine Hoffnungsträgerin. In Schweden feiert man die Mittwinternacht heute noch am 13. Dezember. Am Morgen dieses Tages weckt die älteste Tochter als weiß gekleidete Luzia-Braut mit einer Lichterkrone auf dem Kopf ihre Familie und bringt jedem das Frühstück ans Bett.

Damit wird ein Motiv aus der Luzia-Legende aufgenommen: Die junge, wohlhabende Luzia lebte Anfang des 4. Jh.s in Syrakus, als Christen noch in vielen Ländern verfolgt wurden und sich im Untergrund verstecken mussten. Sie hatte sich heimlich taufen lassen, nachdem ihre Mutter eine schwere Krankheit wie durch ein Wunder überstanden hatte, und versorgte ihre Glaubensbrüder und -schwestern, die sich in Katakomben versteckt hatten, mit Essen und Trinken. Auf ihrem nächtlichen Weg durch den Wald und unter die Erde trug sie zur Beleuchtung eine Krone mit Kerzen auf dem Kopf, so erzählt es die Legende.

Die Weihnachtskerzen

Martin Luther soll als Erster Kerzen an den Weihnachtsbaum gesteckt haben, um damit die Sterne von Bethlehem in die Wohnstube zu holen. Belegt ist das nicht. Aber ähnlich wie beim Weihnachtsbaum sind sich die Volkskundler und Kulturwissenschaftler einig, dass auch die Weihnachtkerzen ursprünglich aus Deutschland kommen. Vielleicht haben Holzschnitzer aus dem Erzgebirge zum ersten Mal ihre traditionellen hölzernen Lichterbogen mit dem geschmückten Weihnachtsbaum verbunden?

Wahrscheinlicher ist, dass zunächst in den Adelshäusern Kerzen an den Baum gesteckt wurden. Die Adeligen konnten sich nämlich die teure Beleuchtung leisten. Sie hatten ja auch für die Verbreitung des Weihnachtsbaums in Europa gesorgt (➤ S. 108).

Das beeindruckende Zusammenspiel von warmem Kerzenlicht und sattem Grün steigerte sich noch, als ab dem 19. Jh. der Weihnachtsbaum mit Glaskugeln geschmückt wurde. Sie spiegeln das Licht der Kerzen tausendfach. Thomas Mann beschreibt die Wirkung in seinem Roman „Buddenbrooks" so: „Die Flämmchen der Kerzen, die dort hinten zwischen den dunkelrot verhängten Fenstern den gewaltigen Tannenbaum bedeckten (...), flimmerten in der allgemeinen Lichtflut wie ferne Sterne ..."

Weihnachtspost aus Himmelspfort

Das häufigste Weihnachtsgeschenk ist die Weihnachtskarte. Wenn auch oft nur eine kleine Geste, so wird dieser persönliche Gruß an Verwandte und liebe Freunde vom Beschenkten sicher mehrmals gelesen und vielleicht auch aufgehoben. Im 19. Jh. schrieben Kinder aus gutbürgerlichen Familien ihre Weihnachtsbriefe auf verzierten Papierbögen. Manchmal sind sie noch in Weihnachtsausstellungen zu sehen: häufig mit religiösen Motiven auf der Vorderseite und in ordentlicher Schönschrift auf der Rückseite.

Dass wir heute von mehr oder weniger originellen Weihnachtskarten beglückt werden, haben wir dem Londoner Geschäftsmann Henry Cole zu verdanken. Er ließ eine von einem Zeichner entworfene Grußkarte drucken und von Hand kolorieren. Das war 1843, und seitdem hat sich dieser Brauch über den ganzen Globus verbreitet.

Ein besonderes Kapitel sind die Briefe an den Weihnachtsmann, das Christkind oder den Nikolaus. Sie werden von Kindern geschrieben und gemalt in der stillen Hoffnung, dass die Liste ihrer Wünsche zum Fest erfüllt wird. Die Kinder legen diese Briefe aufs Fensterbrett oder vor den Kamin – meist sind sie auf geheimnisvolle Weise am nächsten Morgen verschwunden.

Wer aber ganz sicher gehen will, bringt seinen Wunschbrief zur Post und adressiert ihn z. B. an: *Weihnachtsmann, 16798 Himmelspfort.* Denn in diesem Ort in Nordbrandenburg eröffnet die Post jedes Jahr im November das beliebteste deutsche Weihnachtspostamt, bei dem der Weihnachtsmann sogar dabei beobachtet werden kann, wie er Briefe von Kindern aus aller Welt beantwortet. Jedes Jahr kommen Hunderttausende von Briefen an, die ersten bereits im Sommer.

Diese Tradition existiert auch in anderen Ländern, unter anderem in dem kleinen finnischen Ort Rovaniemi in Lappland. Hier bemüht sich die Fremdenverkehrswerbung, den Ruf der Stadt als Wohnort des Weihnachtsmanns zu verteidigen. Er wird ihr nämlich von den schwedischen Nachbarn streitig gemacht. Der finnische Weihnachtsmann residiert in einer kleinen Poststelle, wo viele Helferinnen Post aus aller Welt und sogar Telefonanrufe beantworten. Die Antwortbriefe werden in Finnisch, Schwedisch, Englisch, Deutsch und Japanisch geschrieben.

Auch das noch!

Aus den USA kommt die Mode, Fassade, Fenster, Dach, Büsche und Gartenzaun mit wetterfesten Lichterketten auszustatten. Da kann es leicht zum „Wettrüsten" kommen, wenn im Garten nebenan einige tausend Watt mehr eingesetzt werden. In der „weihnachtlichen Lightshow" werden von Spitzenbastlern schon mal 10- oder gar 20.000 Mini-Lämpchen verlegt.

Warum der Bär dieses Jahr Weihnachten mitfeiern konnte

Bernhard Schön

Armer Bernhard Bär! Jedes Jahr hatte er Weihnachten verschlafen. Wenn er im Früh-ling erwachte, war er darüber immer ganz traurig. Sobald er aus seiner Höhle ge-kommen war, traf er seine Freunde Berthold Biber, Peter Pferd und Elisabeth Elster, und alle drei erzählten ihm von den Lichtern und den Geschenken und den Liedern und dem ganzen festlichen Glanz mitten in der kalten Jahreszeit.

Als es wieder einmal Winter geworden war und Berthold Biber, Peter Pferd und Elisabeth Elster sich bei der großen Eiche verabredet hatten, kam die Rede auf das nahende Weihnachtsfest und dass Bernhard Bär das große Ereignis wohl wieder verschlafen würde. Da hatte Berthold Biber eine Idee, die er seinen beiden Freunden sofort erzählen musste.

Drei Wochen später, frühmorgens am Heiligabend, trafen sich der Biber, das Pferd und die Elster am Fluss, wo Berthold Biber mit seiner großen Familie wohnte. Alle Verwandten hatten mitgeholfen und schon vor einiger Zeit drei Bäumchen so lange angenagt, bis sie ans Ufer gefallen waren. Mit vereinten Kräften zogen und schoben sie das Holz den ganzen Weg, bis es vor der Bärenhöhle zu liegen kam. Dabei waren die gewaltigen Muskeln von Peter Pferd eine große Hilfe.

Elisabeth Elster hatte eine besonders gefährliche Aufgabe übernommen. Sie sollte nämlich ein Stück glühende Kohle oder glimmendes Holz in ihrem Schnabel herbei-schaffen, damit die drei Freunde ein ordentliches Feuer machen konnten.

Warum wollten Berthold Biber, Peter Pferd und Elisabeth Elster vor der Bärenhöhle ein Feuer machen? Sie hatten sich überlegt, dass die Wärme ihren Freund Bernhard Bär aus seinem Winterschlaf wecken würde!

Berthold Biber und Peter Pferd sammelten trockene Zweige und schichteten sie unter und neben die Baumstämme. Dann warteten sie ungeduldig auf Elisabeth Elster. Nach über einer Stunde, es wurde schon langsam dunkel, sahen sie einen leuchten-den Punkt am Himmel, der rasch näher kam. Die Elster hatte es tatsächlich geschafft und trug einen Ast in ihrem Schnabel, der an einem Ende rot glühte. Rasch ließ sie ihn auf die trockenen Zweige fallen, die sofort zu brennen begannen. Und bald darauf loderte ein Feuer vor der Höhle von Bernhard Bär.

Es dauerte nicht lange, da hörten sie ein Brummen. Wenig später schaute das ver-schlafene Gesicht von Bernhard Bär aus dem Höhleneingang. Verwundert rieb er sich mit den Tatzen seine Augen. Das hatte er ja noch nie gesehen: Alle Bäume

waren mit einer weißen Decke überzogen, und die ganze Erde auch. Er wollte seinen Ohren kaum trauen: Da hörte er doch Musik, direkt vor seiner Höhle? Berthold Biber, Peter Pferd und Elisabeth Elster hatten sich eine besondere Überra- schung ausgedacht. Sie sangen für ihren Freund ein lautes Begrüßungs-Weihnachts- lied. Und bald konnte Bernhard Bär mit seinem brummenden Bass in den Refrain einstimmen.

Das war für alle das schönste Weihnachtsgeschenk: Einmal mit ihrem Freund zusammen Weihnachten zu feiern.

Ich freue mich noch mehr

Musik und Text: Reinhold Alexander und Ralf Kiwit

Nr. 12

Refrain

Ich krie-ge gern Ge-schen-ke, das ist doch son-nen-klar, doch
fin - de ich das Schen-ken ge - nau-so wun-der - bar. Wenn
sich die an-dern freu-en, dann freu-e ich mich auch mir
ist vor lau-ter Freu - de ganz krib-be-lig im Bauch.

Strophe

Ich bas-tel ger-ne, und in die-sem Jahr bau ich was su-per
Tol - les für mei-ne Groß-ma - ma: Aus Per-len und aus
bun-tem Mal-pa - pier ent-steht ein wun-der-
schö-nes Fa-bel - tier. Die O-ma freut sich si - cher
sehr, doch ich, ich freu-e mich noch mehr.

Refrain: *Ich kriege gern Geschenke, das ist doch sonnenklar,*
doch finde ich das Schenken genauso wunderbar.
Wenn sich die andern freuen, dann freue ich mich auch,
mir ist vor lauter Freude ganz kribbelig im Bauch.

1. Ich bastel gerne, und in diesem Jahr
bau ich was super Tolles – für meine Großmama:
Aus Perlen und aus buntem Malpapier
entsteht ein wunderschönes Fabeltier.
Die Oma freut sich sicher sehr,
doch ich, ich freue mich noch mehr.

Refrain: *Ich kriege gern Geschenke ...*

2. Für meine Mama schnitze ich aus Holz
einen Eierbecher, darauf bin ich stolz!
Dem Papa bastel ich in diesem Jahr
einen Kamm – für extra dünnes Haar.
Die beiden freun sich sicher sehr,
doch ich, ich freue mich noch mehr.

Refrain: *Ich kriege gern Geschenke ...*

3. Ein niegelnagelneues Kuscheltier,
wünscht sich mein kleiner Bruder Max von mir.
Ich habe Geld gespart und kauf ihm dann
ein Stachelschwein mit hundert Stacheln dran.
Der Maxe freut sich sicher sehr,
doch ich, ich freue mich noch mehr.

Refrain: *Ich kriege gern Geschenke ...*

4. Gebastelt und verpackt, jetzt wird es Zeit,
noch einmal schlafen, dann ist es so weit.
Und liegen die Geschenke unterm Baum,
erfüllt sich sicher mancher Weihnachtstraum.
Und alle freuen sich so sehr,
doch ich, ich freue mich noch mehr.

Refrain: *Ich kriege gern Geschenke ...*

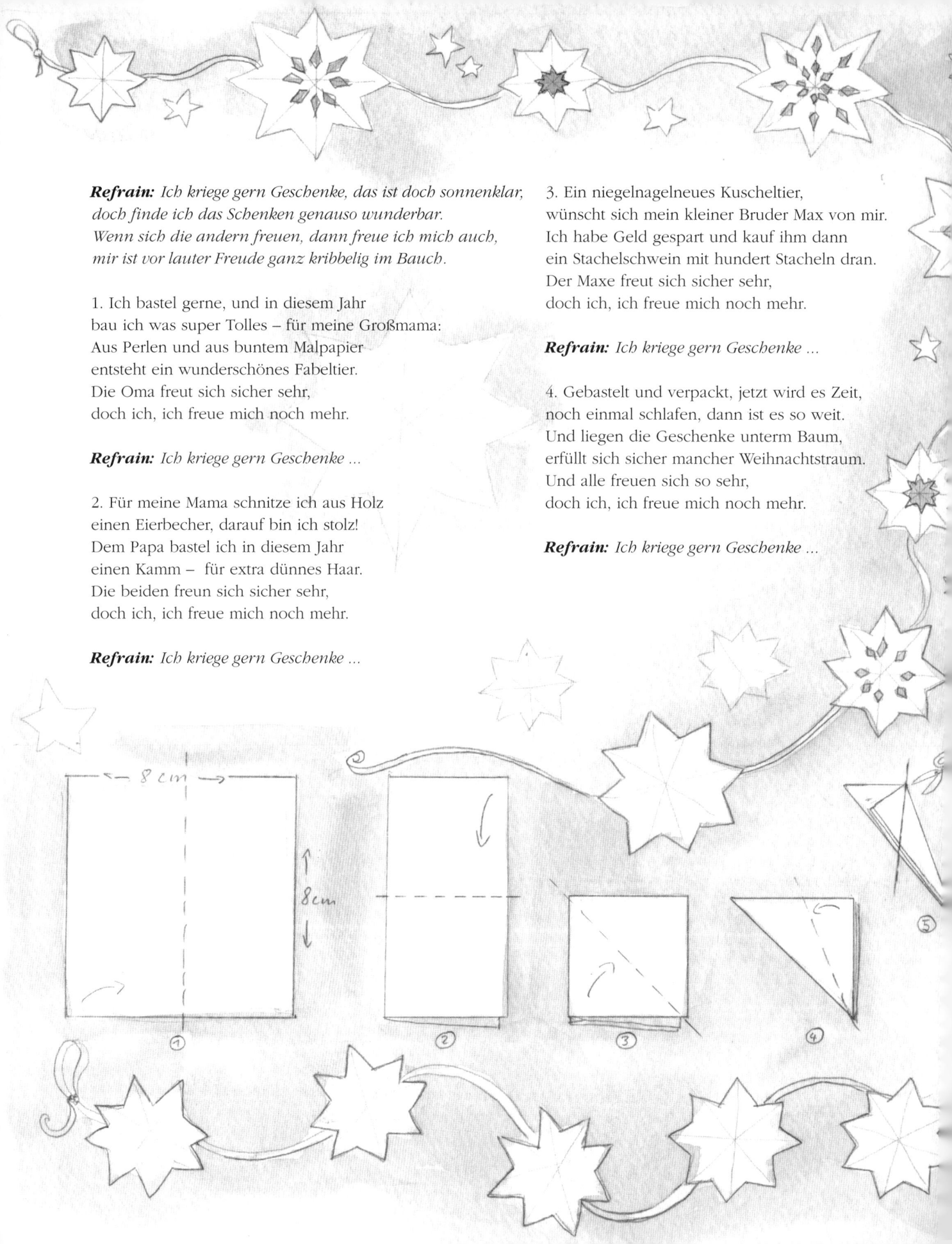

Weihnachtsschmuck

Diese Basteleien nehmen die Kinder zu ihrem „Weihnachtsfest anderswo" mit und dekorieren dort den Raum rasch und ohne viel Aufwand.

Girlanden mit Goldsternen

Girlanden können überall aufgehängt werden und geben dem Raum ein festliches Aussehen.

Material: Goldpapier, Schere, Lineal, goldenes Geschenkband

Aus Goldpapier viele Quadrate etwa 8 x 8 cm zuschneiden.
Die Quadrate zweimal in der Mitte falten, dann zweimal in der Diagonale.
Eine Sternspitze schneiden (s. Abb. 5), Stern wieder auseinander falten.
Viele Sterne auf das Band kleben.
An beiden Enden des Bandes große Schlaufen knoten, um die Girlande aufhängen zu können.

Girlanden mit Strohperlen

Material: (echte) Strohhalme, Goldpapier-schnipsel (Abfall von den Goldsternen), Goldfaden, Nadel

Strohhalme in viele, etwa 3 – 4 cm lange Stücke schneiden.
Etwa 3 m Goldfaden abschneiden, auf eine Nadel fädeln und abwechselnd eine Strohhalmperle und einen Goldpapierschnipsel auffädeln.
An beide Enden des Goldfadens große Schlaufen zum Aufhängen knüpfen.

Weihnachtsteller

Diese Teller können als Plätzchenteller aufgestellt und verschenkt werden.

Material: Pappteller, angerührter Kleister, Pinsel, weißes Papier, Servietten mit weihnachtlichen Motiven, Schere

Papier in kleine Stücke reißen, mit Kleister bestreichen und den Teller damit komplett überkleben.
Mindestens drei Kleister-Papier-Schichten aufkleben, dabei darauf achten, dass der Teller seinen aufgebogenen Tellerrand behält und nicht zu flach wird.
Die auseinander gefaltete Serviette mit Kleister bestreichen, über den Teller legen und andrücken. Den überstehenden Rand umlegen und festkleben oder abschneiden.
Den Teller mindestens 3 Tage trocknen lassen.

Weihnachtsleuchten

Diese Kerzenleuchter sehen sehr festlich aus, sind feuersicher, weil die Kerze in einem Glas steht, und können auf Tischen, Fensterbänken und Nachttischen aufgestellt werden.

Material: leeres Marmeladenglas, Transparentlack, Pinsel, Goldfolie, Schere, dicke Nadel, Kleber, Teelicht

Marmeladenglas mit Transparentlack weihnachtlich bemalen oder einfach mit einer Farbe anstreichen.
Einen etwa 4 cm breiten Streifen Goldfolie abschneiden, der so lang ist, dass er um den Glasrand passt.
In eine Längsseite des Streifens viele kleine Zacken einschneiden, in die Mitte des Streifens mit der Nadel eine Linie mit vielen kleinen Löchern einstechen.
Den Streifen wie eine kleine Krone um den Glasrand kleben.
Teelicht in das Glas stellen.

Weihnachtsbäume

Diese Papierbäume sind ein origineller Tischschmuck und ein schönes kleines Geschenk beim „Weihnachtsfest anderswo" (➤ S. 76), wo vielleicht kein Christbaum aufgestellt ist.

Material: grünes Papier, grüner Faden, Nadel, Schere, Glimmer und Glitzersternchen, Kleber

Das Papier in drei gleich große Quadrate (ca. 15 x 15 cm) zuschneiden.
Die Blätter aufeinander legen und zur Hälfte falten.
Auf diese Hälfte einen halben Tannenbaum malen und ausschneiden (s. Abb).
Die Blätter auseinander falten, aber übereinander liegen lassen und entlang des Falzes mit Nadel und Faden zusammennähen.
Den Tannenbaum aufstellen und mit etwas Glimmer und ein paar Sternchen bekleben.

Weihnachts-Spiele

Diese Spiele geben den Kindern einen Anlass zu Gesprächen und Handlungen, bei denen sie die anderen beachten, ihnen helfen oder gute Wünsche aussprechen.

Weihnachtskissen

Dies ist ein geeignetes Geschenk für Menschen, die im Bett liegen müssen. Es kann viereckig sein oder die Form von Sternen, Wolken oder Tannenbäumen haben.

Material: Stoff, Schere, Nadel und Faden, Stoffmalfarben, Füllwatte, Lavendelblüten

Den Stoff aufeinander legen und eine Form aufzeichnen, z. B. ein Viereck, einen Stern oder eine Wolke.
Die Form ausschneiden, bemalen und evtl. bügeln (s. Gebrauchsanweisung der Stoffmalfarben).
Die beiden Stoffteile mit dem Bild nach innen zusammenlegen und am Rand mit Nadel und Faden zusammennähen.
Beim Zusammennähen jedoch einen Schlitz offen lassen, so dass sich das Kissen umstülpen lässt und die Naht innen im Kissen ist.
Das Kissen mit Füllwatte locker füllen.
Eine Handvoll Lavendelblüten dazugeben, dann zunähen.

Wunsch-Licht

Material: Bastelkarton, Wasserfarben, gelbes Papier, Buntstifte, Schere, Klebstoff, Büroklammern

Auf den Bastelkarton mit den Farben Gelb, Orange, Rot und Gold eine Sonne mit einem Durchmesser von etwa 20 cm malen.
Gelbe Papierstreifen (20 – 30 cm lang, 2 – 3 cm breit) schneiden.

Die Kinder überlegen, wo und mit wem sie ein Weihnachtsfest feiern werden und denken sich viele gute Wünsche aus, die sie den anderen bei dem Fest sagen wollen.
Jeden Wunsch auf einen der vorbereiteten Streifen schreiben.
Sind ausreichend viele Wunschstreifen beschrieben, werden sie als Strahlen rund um das Wunsch-Licht geklebt.
Dann alle Strahlen einrollen und mit einer Büroklammer festklemmen.
Das Wunsch-Licht kann beim „Weihnachtsfest anderswo" (➤ S. 76) eingesetzt werden.

Spielzeug spenden

Material: alte Spielsachen, Karton, Namensschildchen
Vorbereitung: In einem Brief die Eltern über die geplante Aktion informieren und Anregungen geben, wie die Eltern mit zu großem Spenden-Eifer der Kinder umgehen, damit sie ihre Großzügigkeit nicht später bereuen.
Zeitraum: etwa 1 Woche

Den Kindern erzählen, dass sie alle eine Spendenaktion mit ihren alten Spielsachen organisieren wollen. (Adressen für Spendenpakete gibt es z. B. bei Kirchen, Sozialamt der Gemeinde, Nachbarschaftshilfe)
Gemeinsam mit den Kindern überlegen, wem die Spenden-Aktion zukommen und wer die aussortierten Spielsachen geschenkt bekommen soll.
Dann schauen die Kinder zu Hause nach und bringen mit, was sie verschenken wollen.

Diese Aktion hat ein Zeitfenster von einer Woche. Dann werden alle Spielsachen in einem Karton gut verpackt und verschickt. Die Kinder machen mit und hängen vor dem Einpacken an ihre Spielsachen ein Namensschild: „von Jonas"...

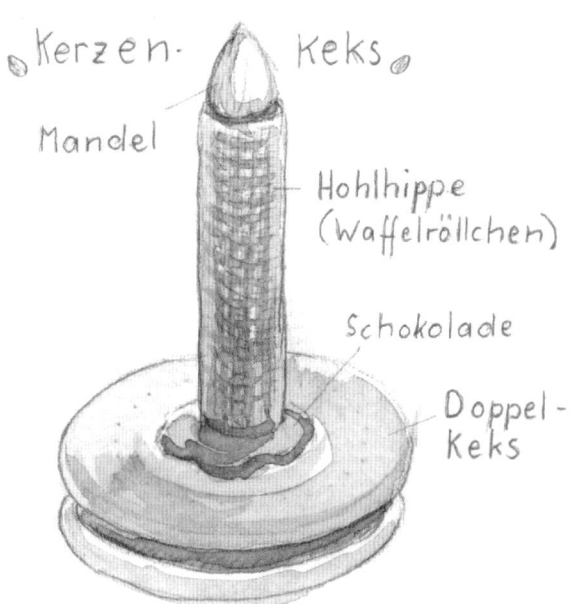

Weihnachtskuchen

Zutaten für den Teig: 200 g Margarine, 250 g Zucker, 4 Eier, 250 g Mehl, 1/2 Päckchen Backpulver, abgeriebene Schale von 1 Zitrone; evtl. 1 Bohne
Zutaten für den Guss: 150 g Puderzucker, 4 EL ausgepresster Zitronensaft
Vorbereitung: Backofen auf 175° C vorheizen

Margarine, Zucker und Eier schaumig rühren.
Restliche Zutaten unterrühren.
So lange rühren, bis der Teig schön glatt ist.
Den Teig in eine gefettete Kastenform füllen.
Im Backofen 90 Minuten backen.
Kuchen aus der Form nehmen und zum Abkühlen auf ein Kuchengitter stellen.
Zuckerguss anrühren und den Kuchen damit bestreichen.

Tipp

Für das Bohnenfest (➤ S. 88) eine Bohne mitbacken.

Kerzenkeks

Mit durchsichtiger Folie und bunten Schleifen verpackt, geben sie eine originelle Tischdekoration zum späteren Verschenken ab.

Zutaten: 1 Doppelkeks mit Schokoladenfüllung, 1 Hohlhippe (= Waffelröllchen) Schokoladenglasur, 1 ganze geschälte Mandel

Schokoladenglasur nach Anweisung in einem Topf flüssig werden lassen, dann in eine kleine Schüssel gießen.
Mit einem Klecks flüssiger Schokolade die Hohlhippe senkrecht auf den Keks „kleben".
Die Mandel in die Schokolade eintauchen und in die Öffnung der Hohlhippe „kleben".

Alle Jahre wieder

Musik: Friedrich Silcher (1789 – 1860), Text: Wilhelm Hey (1789 – 1854)   Nr. 14

1. Alle Jahre wieder
kommt das Christuskind
auf die Erde nieder,
wo wir Menschen sind.

2. Kehrt mit seinem Segen
ein in jedes Haus,
geht auf allen Wegen
mit uns ein und aus.

3. Steht auch mir zu Seite
still und unerkannt,
dass es treu mich leite
an der lieben Hand.

Das Weihnachtsfest anderswo, von den Kindern organisiert und gestaltet

Sinn des Festes

Das Weihnachtsfest heißt auch „Fest der Nächstenliebe". Diese Beschreibung passt auf das Weihnachtsfest, das die Kinder mit fremden Menschen feiern, um ihnen eine Freude zu bereiten.

Das „Weihnachtsfest anderswo" wird für die Kinder sehr festlich und stimmungsvoll und ganz sicher unvergesslich. Sie spüren das Dankeschön und die freudestrahlenden Augen der Beschenkten und werden von dieser Stimmung selber angesteckt, fühlen sich glücklich und zufrieden.

Für Eltern, ErzieherInnen und LehrerInnen

Es gibt viele Möglichkeiten, anderen eine Freude zu bereiten. Sei es die persönlich und handschriftlich geschriebene Weihnachtspost oder ein Weihnachtskuchen als Überraschung für die Nachbarin. Und ganz nahe liegt die Bitte an Helfer, bei der etwas aufwändigeren Aktion „Weihnachtsfest anderswo" mitzumachen.

Vorbereitung

Wo können die Kinder ein Weihnachtsfest für andere gestalten? In einem Altenheim, Krankenhaus, bei einem Bereitschaftsdienst der Feuerwehr oder Polizei? Das wird zuerst geklärt, bevor die Kinder mit der Planung beginnen. Auch müssen genaue Absprachen über Datum und Uhrzeit und die Raumfrage getroffen werden. Möglicherweise geht eine kleine Kindergruppe zur Besprechung vor Ort mit und erzählt später den andern, wie die fremden Leute sind und wie der Raum aussieht, in dem das Fest stattfinden wird.

Einladung

Ein Brief, groß wie ein Plakat, kündigt das geplante gemeinsame Weihnachtsfest an. Alle Kinder malen etwas auf diesen Brief. Dieses Plakat kann am Ort „anderswo" aufgehängt werden und erinnert an den Termin.

Raumschmuck

In Schachteln und Körben verstauen die Kinder ihren selbst gebastelten Weihnachtsschmuck (➤ S. 71 ff.), den sie bei den anderen im Weihnachtszimmer aufhängen werden.

Jedes Kind hat seine eigene Schachtel, z. B. eine Schuhschachtel, die es mit Weihnachtsmotiven aus Zeitschriften und Werbematerialien beklebt. Jedes Kind wird auch selber seine Weihnachtsschachtel tragen, wenn die Gruppe loszieht.

Tischschmuck

Die Kinder beraten, welcher Tischschmuck für das geplante Fest am besten passt. Zur Auswahl stehen z. B. die Bastelsachen (➤ S. 71 ff.) und die Kerzenkekse (➤ S. 74) wie auch die Tischschmuck-Ideen aus den anderen Kapiteln dieses Buches.

Essen und Trinken

Die Kinder bieten ihren selbst gebackenen Weihnachtskuchen (➤ S. 74) und den Weihnachtspunsch an (➤ S. 47). Dabei muss gut überlegt werden, wie viel gebraucht wird und worin alles transportiert werden soll. Vielleicht macht es den Kindern Spaß, auch die Transportschachteln oder Körbe mit Goldbändern und kleinen Stern-Anhängern zu schmücken?

„Alle Jahre wieder" und „Ich freue mich noch mehr"
(Liedgestaltung)

Die Kinder singen die beiden Lieder (➢ S. 69/75), die an den Tagen zuvor natürlich geübt werden. Sollte das Singen nicht so gut klappen, werden die Lieder von der CD (zu diesem Buch) abgespielt (daran denken, dass ein CD-Spieler vorhanden sein muss), und die Kinder singen dann einfach lauthals mit – die Gäste vielleicht auch, wenn sie Kopien der Lieder bekommen haben.

„Warum der Bär dieses Jahr Weihnachten mitfeiern konnte" – in Szene gesetzt

Material: Malpapier, Karton, Farbe

Die Kinder malen ein paar Szenenbilder passend zur Geschichte „Warum der Bär dieses Jahr Weihnachten mitfeiern konnte" (➢ S. 67). Bevor die Kinder diese Bilder malen, besprechen sie miteinander, wie groß die Bilder werden sollen, welche Farben sie zum Malen nehmen und wer welche Szene malt.
Alle Bilder werden auf stabilen Karton geklebt und können bei der Feier eingesetzt werden.

Aufführung

Bei der Aufführung wird die Geschichte erzählt oder vorgelesen. Parallel zum Verlauf der Geschichte tritt ein Kind nach dem anderen auf, hält das dazu passende Szenenbild in die Höhe und tritt dann zur Seite. Zum Schluss stehen alle Kinder in einer Reihe, so dass die ganze Geschichte zu sehen ist.

Bescherung

Alle Kinder sind beim Austeilen der Geschenke (➢ S. 72 f.) beteiligt. Am besten geht das, wenn sich die Kinder zu zweit oder dritt zusammenschließen und gemeinsam einem Gast das Geschenk überreichen. Wer mit wem loszieht, besprechen die Kinder bereits vor dem Fest. Beim Austeilen der Geschenke müssen die Kinder selber Acht geben und schauen, wer von den Gästen schon ein Geschenk erhalten hat und wer noch nicht.

Zum Feiern zu Hause

Weil in der Kindergruppe selbst kein Weihnachtsfest stattfindet, kann in der Familie ein umso größeres Fest gefeiert werden. Die Kinder tragen dazu bei und basteln extra für zu Hause einen Weihnachtsschmuck (➢ S. 71 ff.) und malen ein Bild von der Geschichte (➢ S. 67 f.), um diese am Weihnachtsabend zu Hause anhand des Bildes nacherzählen zu können.

Weihnachten als multi-kulturelles Fest

Kinder feiern mit Familien aus anderen Kulturkreisen und Religionen

Schwerpunkt-Themen

* Religion
* Glauben
* Heilige Drei Könige
* Sterne
* Exotische Gewürze
* Weihnachtsdüfte

Von Zuckerfest, Sterndeutern und heilenden Harzen

Chanukka und Beiram

In vielen Religionen gibt es große Familienfeste, bei denen Geschenke ausgetauscht werden. Das jüdischen *Chanukka-* (Einweihungs-) Fest beginnt am 25. Tag des jüdischen Monats *Kislew* und erinnert an die Wiedereinweihung des jüdischen Tempels. Als die Verteidiger die syrisch-griechischen Angreifer vertrieben hatten, soll das Öl im Leuchter nur noch für einen Tag gereicht, wunderbarerweise aber acht Tage lang gehalten haben, bis von anderer Stelle mehr geweihtes Öl beschafft werden konnte. Entsprechend dauert das Chanukka-Fest acht Tage, jeden Tag wird eine weitere Kerze auf dem achtarmigen Leuchter angezündet, und jeden Tag bekommen die Kinder kleine (oder auch größere) Geschenke. Und am Abend wird gemeinsam gesungen, gegessen und gespielt. Der Zeitpunkt für das Chanukka-Fest fällt übrigens nur ungefähr alle 20 Jahre mit Weihnachten zusammen, da sich die Juden nach dem Gregorianischen Kalender richten.

Auch das dreitägige islamische *Beiram* oder „Zuckerfest", das den Fastenmonat Ramadan beendet, lässt sich nicht genau terminieren. Im Islam wird in Mondjahren gerechnet, und die sind zehn oder elf Tage kürzer als das westliche Sonnenjahr. Das beim Fasten eingesparte Essen sollte ursprünglich den Armen zugute kommen. Früher ließen islamische Herrscher ganze Schlösser aus Zucker bauen, die dann vom Volk eingerissen und verspeist werden durften. Heute gehört es noch zum guten Ton, dass prominente Politiker an diesen Tagen große Gartenfeste mit Essen für alle ausrichten.

Dieser karitative Zug beim Fastenbrechen erinnert an eine Sitte aus deutschen Landen: Der Weihnachtsbaum wurde früher in einigen Ge-

genden (z. B. im Odenwald) mit Würsten und Schinken behängt und durfte vom Volk geplündert werden, oder es gab einen üppig mit Lebkuchen und anderen Süßigkeiten geschmückten Christbaum für das Armenspital.

Der Stern und die Sterndeuter

„Und siehe, der Stern, den sie im Morgenland gesehen hatten, ging vor ihnen her, bis dass er kam und stund oben über, da das Kindlein war." (Matthäus 2, 1 – 12). Matthäus berichtet, wie drei Weise (in der Luther-Übersetzung) oder Sterndeuter einem auffälligen Stern folgten, weil sie aus ihren astronomischen Berechnungen den Schluss gezogen hatten, dass ein neuer König geboren worden sei. Das lässt sich als Versuch interpretieren, die alttestamentarische Prophezeiung (4. Moses, 24, 17) über den Stern, der aus Jakob aufgehen wird, mit der Geburt Jesu in Verbindung zu bringen. Astronomen haben sich damit nicht zufrieden gegeben und die verschiedensten Theorien aufgestellt, was ihre Kollegen damals gesehen haben könnten. War es ein Komet, der für einige Zeit am Himmel mit seinem Schweif „oben über stand"? Hatten sie eine ungewöhnliche Konstellation von Sternbildern beobachtet? Oder die Geburt einer Supernova? (Dabei implodiert ein Stern innerhalb eines Sekundenbruchteils und explodiert unmittelbar danach. Die dabei freigesetzte, unvorstellbar hohe Strahlung leuchtet mehrere Wochen lang so hell wie eine ganze Galaxie mit mehreren Milliarden Sternen.) Für all diese Überlegungen gibt es Beweise und Gegenbeweise. Sie zeigen immerhin, dass sich ein symbolisches Fest oder ein überlieferter Brauch auch wissenschaftlich begründen lässt.

Die Christen feiern den 6. Januar als „Epiphanias", das heißt auf Griechisch Erscheinung. Bei den Griechen wurden solche Feste zur Erinnerung daran gefeiert, dass an einem Ort eine Gottheit erschienen war. Für die Christen ist an diesem Tag der Stern erschienen, gleichzeitig soll Jesus am 6. Januar getauft worden sein. Die Terminierung hatte mit dem ursprünglichen Anlass zu tun: Hier begann das neue Jahr, bevor Cäsar eine andere Zeitrechnung einführte.

Die ursprünglich in der Bibel beschriebenen Weisen, Magier oder Sterndeuter wurden bereits im 3. Jh. zu „Königen". Die Namen der drei kamen später hinzu: Caspar, Melchior und Balthasar. Womöglich sollten sie die drei damals bekannten Erdteile (Europa, Asien und Afrika) versinnbildlichen, deshalb taucht Melchior auch im 13. Jh. erstmals als Schwarzer auf.

Auf Gemälden niederländischer und flämischer Genremaler wird die Wahl des „Bohnenkönigs" gezeigt (➤ S. 88), die am 6. Januar stattfand.

Ein anderer Brauch, das „Sternensingen", stellt die Geschichte der Heiligen Drei Könige dar: Die Knaben, die seit dem 15. Jh. verkleidet von Haus zu Haus ziehen, bringen allerdings keine Gaben mit, sondern fordern Geschenke ein. Dafür singen sie ein Lied und malen über die Eingangstür mit geweihter Kreide die drei Anfangsbuchstaben der Könige, C + M + B. Sie sollen übers Jahr dort stehen bleiben und Unglück abwenden. Wer es ganz genau wissen will: Diese drei Buchstaben sind eigentlich die Abkürzung des lateinischen Segensspruches „Christus mansionem benedicat", der bedeutet, Christus möge das Haus schützen.

Heilige und heilsame Düfte

Weihrauch und Myrrhe brachten die drei Weisen dem Jesus-Kind mit. Diese kostbaren Harze werden seit über 5000 Jahren gesammelt und spielen in vielen Kulthandlungen eine wichtige Rolle. In den Küstenregionen Jemens und Omans wächst der Weihrauchbaum, Myrrhe wird aus dem Myrrhestrauch in Äthiopien und Kenia gewonnen. Wegen ihrer wohl duftenden Dämpfe werden diese Harze bei Räucherzeremonien aber auch als Heilmittel geschätzt. So nutzten bereits die alten Ägypter Weihrauch zur Wundbehandlung und Myrrhe als Antibiotikum.

Jeder wird seine Erinnerung an Weihnachten mit typischen Düften und Aromen verbinden.

Dazu gehören nicht nur die Düfte von Gänsebraten, Bienenwachskerzen oder Tannennadeln, sondern auch die vielen exotischen Gewürze, die in der Weihnachtsbäckerei verwendet werden (➤ S. 89) wie Sternanis, Vanille, Zimtstangen. Die Gewürze brachten bereits vor Hunderten von Jahren die Händler aus fremden Ländern mit. Diese Kostbarkeiten wurden in China, Sumatra und Madagaskar verschifft, auf Kamelrücken durch den Orient transportiert, um dann über einen Marktstand auf einem deutschen Backblech zu landen. Auch unser klassisches Weihnachtskonfekt Marzipan („Lübecker" oder „Königsberger") kommt ursprünglich aus dem Orient und fand im Mittelalter über venezianische Kaufleute den Weg in unsere Apotheken – die verloren erst im 18. Jh. das Vorrecht, „Apothekenkonfekt" herzustellen.

Auch das noch!

In dem russischen Städtchen Welikij Ustjuk sorgt seit Ende der 1990er Jahre eine Aktiengesellschaft dafür, dass der traditionelle russische Weihnachtsmann „Ded Moros" (sprich: Djed Moros = Väterchen Frost) den Fremdenverkehr ankurbelt. Ded Moros und seine Helferinnen beantworten Bittbriefe und Weihnachtswünsche aus ganz Russland, und sie halten die Erinnerung an die alten Geschichten wach. Zum Beispiel die, dass es in der Welt schneit, wenn Väterchen Frost seine Decken ausschüttelt. Das klingt doch sehr nach unserer Frau Holle, oder?

Julia erlebt eine besondere Weihnachtsüberraschung

Bernhard Schön

Julia Martin lebt allein mit ihrer Mutter in einer Wohnung im dritten Stock eines Mehrfamilienhauses. Der Vater ist schon lange fortgezogen, in eine andere Stadt. Manchmal besucht er sie, oder Julia darf zu ihm fahren. Aber zu Weihnachten hat sie ihn die letzten Jahre nie gesehen. Dann feiert er immer mit den beiden Söhnen seiner neuen Frau und den anderen Großeltern.

Julia ist manchmal traurig, wenn sie nur mit ihrer Mutter am Heiligabend vor dem Weihnachtsbäumchen sitzt. Aber letztes Jahr haben sie es sich so gemütlich gemacht, dass es vielleicht auch diesmal schön wird.

Unten rechts im Haus ist vor einem Monat eine türkische Familie mit vier Kindern eingezogen. Mama unterhält sich immer beim Wäscheaufhängen mit der Frau. Sie hat erfahren, dass die Ünals in der Türkei in einer großen Stadt gelebt haben. Die eine Tochter ist genauso alt wie Julia. Aische wird nach den Weihnachtsferien in Julias Klasse kommen.

Gestern hat Julia auf dem Spielplatz das türkische Mädchen getroffen. Sie war gespannt, ob die überhaupt richtig Deutsch kann. Beim Schaukeln hat Aische erzählt, dass ihr Papa früher schon einmal in Deutschland war. Die beiden Mädchen können sich gleich gut leiden.

Nach einer Stunde wird es ihnen zu kalt, und Aische lädt ihre neue Freundin zu sich ein. Frau Ünal bietet Tee und sehr süßes Gebäck an, das ein bisschen am Gaumen klebt, aber gerade deshalb besonders gut schmeckt. Sie lacht und sagt zu Aische: „Gut, dass Julia mitisst, wir haben ja noch so viele Süßigkeiten vom Beiram übrig, dass wir die allein gar nicht schaffen."

Julia macht ein ratloses Gesicht, und Aische erklärt ihr, was „Beiram" bedeutet: „Wir haben einen Fastenmonat, der heißt Ramadan. Da dürfen wir immer erst nach Sonnenuntergang essen. Und wenn der Ramadan zu Ende ist, dann feiern wir ein großes Fest. Die Verwandten kommen zu Besuch, und es gibt Geschenke für alle!"

Abends erzählt Julia ihrer Mutter, dass sie morgen wieder mit Aische spielen will. „Stell dir vor, Mutti, die feiern gar kein Weihnachten, aber dafür ein anderes Fest, und da gibt es auch Süßigkeiten und Geschenke." Den Namen hat sie wieder vergessen.

Am nächsten und auch am übernächsten Tag machen Julia und Aische viel zusammen. Sie sind schon richtige Freundinnen geworden.

In den Tagen vor Heiligabend passieren einige merkwürdige Sachen bei Martins.

Frau Martin geht alleine einkaufen, obwohl ihr Julia angeboten hat, tragen zu helfen. Und das Wohnzimmer ist abgeschlossen. Das war sonst nur am Heiligabend so. Als sie gemeinsam Plätzchen backen, wundert sich Julia über die Menge. „Ich habe gedacht, dass wir die an die freundlichen Müllmänner und die Zeitungsfrau und den Briefträger verschenken können", erklärt ihre Mutter. Am Heiligabend wird es früh dunkel, und Julia ist schon ungeduldig: Was es wohl für eine Überraschung im Wohnzimmer geben wird? Mama schaut auf die Uhr und lächelt geheimnisvoll: „Noch zehn Minuten, dann wirst du sehen ..."

Um 16 Uhr läutet es. Wer das um diese Zeit sein kann?

Julia rennt zur Wohnungstür, und als sie öffnet, bleibt ihr vor Staunen der Mund offen stehen. Im Hausflur ist nämlich die ganze Familie Ünal versammelt, und alle wünschen ihr fröhliche Weihnachten. Herr Ünal hält einen Blumenstrauß in der Hand, seine Frau trägt einen großen Topf, aus dem es köstlich duftet.

Julia freut sich riesig und fragt Aische: „Feiern wir zusammen Weihnachten?" Dann fasst sie die Freundin an der Hand und geht mit ihr ins Wohnzimmer. Dort strahlt der Weihnachtsbaum mit seinen Kerzen und Christbaumkugeln, und der große Tisch ist festlich gedeckt. Julia stellt fest, dass Mama alles gut vorbereitet hat: Für acht Leute ist gedeckt.

Nach dem großen Festessen bekommt jeder einen Teller mit selbst gebackenen Plätzchen. Es duftet herrlich nach Zimt von den Zimtsternen, nach Anis von den Anisplätzchen und nach Mandeln von den Lebkuchenmännern. Frau Ünal meint lachend: „Eigentlich komisch, dass wir so ein Gebäck gar nicht kennen. Die Gewürze dafür gibt es nämlich in der Türkei schon lange, wahrscheinlich viel länger als bei euch. Sie wurden über die großen Handelswege, die Gewürzstraße, mit Kamelen nach Europa transportiert. Und", sie probiert eine Marzipankartoffel, „das Marzipan stammt sowieso aus dem Orient."

Anschließend versuchen Aische und ihre Geschwister, die Weihnachtslieder mitzusingen, die Julia und ihre Mutter anstimmen. Mit ein bisschen Übung können bald alle zusammen „Stille Nacht" singen.

Das Weihnachtsfest bei Familie Martin war dieses Jahr besonders schön, da sind sich Julia und ihre Mama einig. Beim Abschied sagen Herr und Frau Ünal: „Und im nächsten Jahr kommt ihr zu uns! Dann feiern wir gemeinsam Beiram."

Folge dem Weihnachtstern

Musik und Text: Bernd Mann und Rudi Mika

Nr. 16

Refrain

Fol - ge dem Weih - nachts - stern, sein Licht leuch - tet klar.

Fol - ge dem Weih - nachts - stern, ein Wun - der wird wahr.

Fol - ge dem Weih - nachts - stern, was auch ge - schieht.

Fol - ge dem Weih - nachts - stern, sing die - ses Lied.

Strophe

Mit juch - he und hur - ra ist der Win - ter jetzt

da, und der Schnee fiel vom Him - mel wie En - gels - haar. Mit

Glit - zer be - malt er - strahlt die - se Welt, und der

Weih - nachts - stern leuch - tet am Him - mels - zelt.

Refrain: Folge dem Weihnachtsstern, sein Licht leuchtet klar.
Folge dem Weihnachtsstern, ein Wunder wird wahr.
Folge dem Weihnachtsstern, was auch geschieht.
Folge dem Weihnachtsstern, sing ihm dies Lied.

1. Mit juchhe und hurra ist der Winter jetzt da,
und der Schnee fiel vom Himmel wie Engelshaar.
Mit Glitzer bemalt erstrahlt diese Welt,
und der Weihnachtsstern leuchtet am Himmelszelt.

Refrain: Folge dem Weihnachtsstern, sein Licht leuchtet klar ...

2. Der Wind weht von Norden, in den Häusern brennt Licht,
und am Fenster da wartet manch Kindergesicht.
Die Wünsche sind lang schon beim Christkind bestellt,
und der Weihnachtsstern leuchtet am Himmelszelt.

Refrain: Folge dem Weihnachtsstern, sein Licht leuchtet klar ...

3. Wir fühlen das Wunder, das damals geschah,
und die Wärme und Kraft sind uns allen sehr nah.
Diese Liebe und Wärme braucht auch unsere Welt,
und der Weihnachtsstern leuchtet am Himmelszelt.

Refrain: Folge dem Weihnachtsstern, sein Licht leuchtet klar ...

Stern
① Strohhalm gebügelt mit Messer oder Schere
②
③ Färbebeizbad

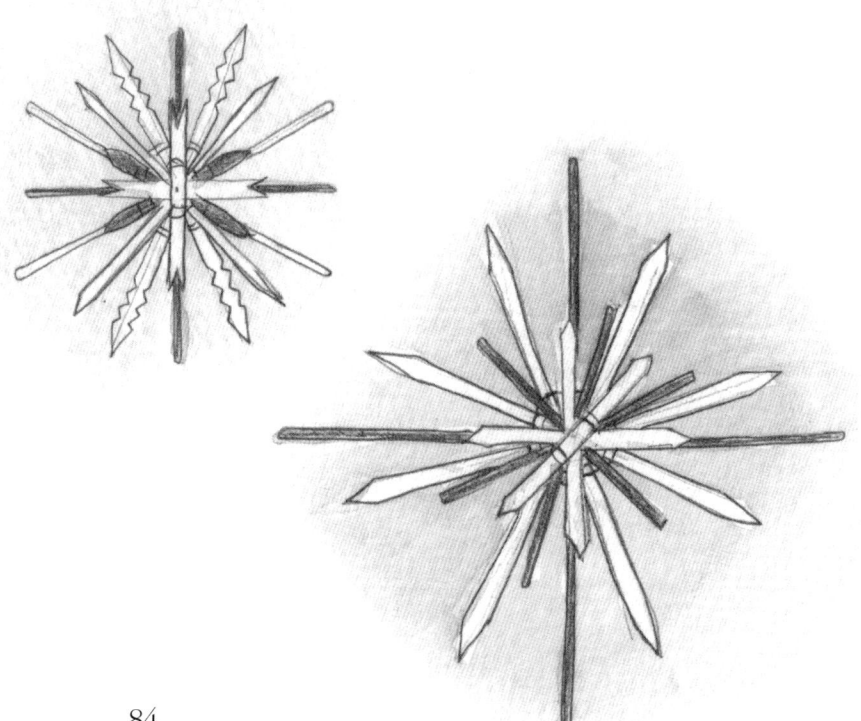

Strohsterne

Sternmotive und Sternenschmuck sind überall auf der Welt verbreitet und beliebt, unabhängig von Kultur und Religion. Die von uns vorgeschlagenen Sternbasteleien eignen sich als Zimmerschmuck, ganz unabhängig davon, ob bei den Kindern zu Hause Weihnachten gefeiert wird oder nicht.

Umgang mit Stroh für Strohsterne

Material: echte Strohhalme, Schüssel mit lauwarmem Wasser, Bügeleisen, spitzes Messer, evtl. Holzbeize, Plakafarbe, Pinsel

Das Einweichen
Die Strohhalme in lauwarmem Wasser ca. $1/2$ – 1 Stunde einweichen lassen, dann herausnehmen und weiterverarbeiten.
Diese Techniken sind möglich:
* Die runden Halme zu Sternen zusammenbinden
* Die Halme von beiden Seiten glatt bügeln
* Mit einem spitzen Messer die Halme der Länge nach aufschlitzen, auseinander drücken und platt bügeln, so entstehen die breiten Strohhalme
* Die Halme zuerst bügeln, dann der Länge nach auf beiden Seiten aufschlitzen, so entstehen dünne, feine Strohhalme

zurechtschneiden der Spitzen mit Messer, Schere oder Cutter

Das Färben
Hier gibt es verschiedene Techniken:
* Wer das Bügeleisen etwas länger auf dem Strohhalm hin und her fährt, wird beobachten, wie das gelbe Stroh sich nach und nach bräunlich färbt.
* Beim Einweichen der Strohhalme Holzbeize in der gewünschten Farbe ins Wasser mischen. Die Halme nehmen die Farbe auf.
* Mit dem Pinsel Plakafarbe auftragen, das hält auch.

Das Schneiden
Am besten lassen sich Strohsterne zuschneiden, wenn die Halme noch feucht sind: Strohhalm zwischen Daumen und Zeigefinger festpressen und schneiden.
Es gibt viele Möglichkeiten, die Strahlen des Sternes zuzuschneiden. Hier ein paar Ideen als Anregung:

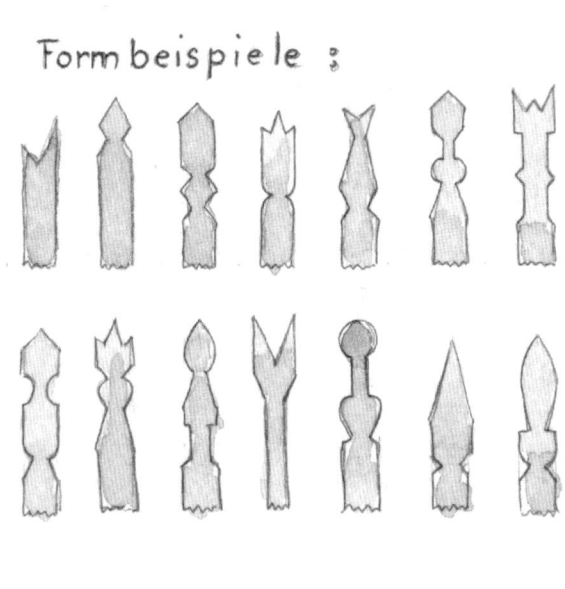

Formbeispiele:

Strohsterne binden

Material: dünner Faden, Schere, evtl. Kork, Stecknadel

Viererstern

Er besteht aus vier Strohhalmen, und wer nachzählt, kommt auf acht Sternspitzen.
Jeweils zweimal zwei gleich lange Halme zu einem Kreuz übereinander legen.
Die beiden Halmkreuze wiederum aufeinander legen.
Mit dem Faden rund um die abstehenden Halme „weben" und mit einem Knoten festhalten. Dabei nicht zu fest anziehen, sonst brechen die Halme.
Das überstehende Fadenende zu einer Aufhängeschlaufe knüpfen.

Tipp

Die Halmkreuze mit einer Stecknadel auf einen Kork aufpieken, dann verrutschen sie nicht beim Weben.

Sechserstern

Er besteht aus sechs Strohhalmen und hat zwölf Sternspitzen.
Zweimal jeweils drei Strohhalme übereinander legen.
Beide Teile aufeinander schieben und mit dem Faden rundum weben. Webtechnik s. Viererstern.

Achterstern

Er besteht aus acht Strohhalmen, hat 16 Sternspitzen und wird aus zwei Vierersternen zusammengesetzt: einfach übereinander legen und mit einem extra Faden nochmals zusammenweben.

Zwölferstern

Er besteht aus 12 Strohhalmen, hat 24 Sternspitzen und wird aus zwei Sechsersternen zusammengesetzt. Webtechnik wie Achterstern.

Strohkugeln

Material: Strohhalme, Schere, Klebstoff, Faden

Einige gleich lange, dünne Strohhalme der Länge nach seitlich aufschlitzen (s. Einweichen S. 85).
Die Halme zu Ringen zusammenkleben.
Die Ringe ineinander stecken, zu einer Kugel anordnen und zusammenkleben.
Die Kugel an einem Faden aufhängen.

✰ Sechserstern ✰

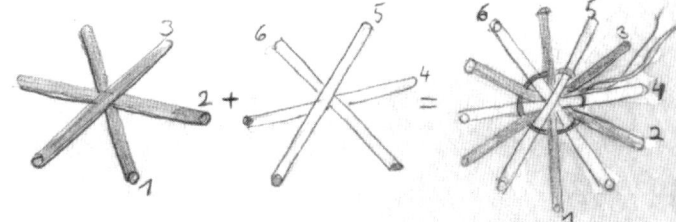

✰ Viererstern ✰

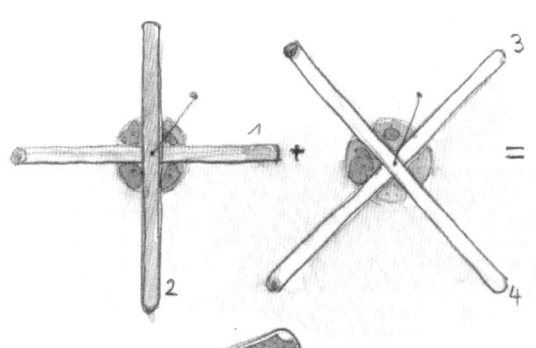

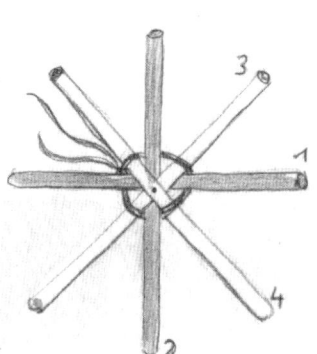

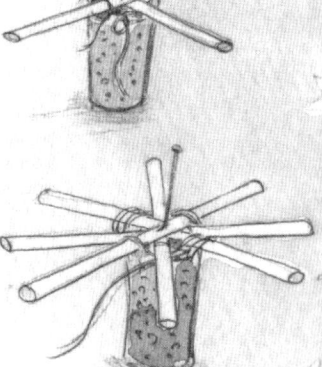

Der Wunderstern

Wilhelm Busch (1832 – 1908), der die Bilder-
geschichten populär machte, hat neben seinen
komischen, satirischen und pessimistisch-politischen
Versen auch einige stimmungsvolle Gedichte geschrieben, wie das folgende Beispiel zeigt.

Hätte auch einer mehr Verstand
als wie die drei Weisen aus dem Morgenland

und ließe sich dünken, er wäre wohl nie
dem Sternlein nachgereist wie sie;

dennoch, wenn nun das Weihnachtsfest
sein Lichtlein wonniglich scheinen läßt,

fällt auch auf sein verständiges Gesicht,
er mag es merken oder nicht,

ein freudiger Strahl
des Wundersternes von dazumal.

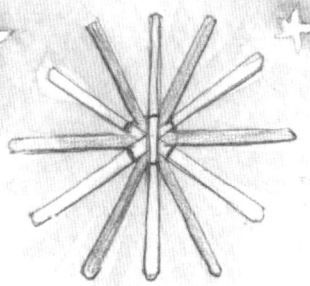

◉ Strohkugeln ◉

kleben

🔔 Räucherkegel 🔔

Teller

Luftzufuhr

Räucherkegel

Auch das Räuchern ist ein Brauch, der rund
um die Welt in allen Kulturen und Religionen
zu finden ist.

Material: Kartonpapier, Bleistift, Schere, Klebstoff, Pinsel, Wasserfarben, Porzellanteller,
Räucherkerze

Mit Hilfe eines Tellers auf den Karton eine
große Scheibe zeichnen, ausschneiden, zur
Hälfte falten und am Falz entlang durchschneiden.
Den Halbkreis mit Wasserfarben bunt anmalen,
zum spitzen Kegel zusammendrehen und festkleben.
Die Spitze des Kegels als Kamin und Rauchab-
zug abschneiden, unten am Rand eine ca. 2 cm
große Zacke als Fenster für die Luftzufuhr heraus schneiden.
Die Räucherkerze auf den Porzellanteller stellen, anzünden, die Flamme ausblasen, so dass
die Räucherkerze nur noch glimmt, Papierkegel
darüber stellen – und schon raucht es aus dem
Kamin.

Gewürze

Die Weihnachtszeit ist eine Festzeit für Schnuppernasen. Die herrlichsten Düfte liegen in der Luft, es gibt die feinsten Gewürze zu probieren und Leckereien mit unbekannten Geschmacksnoten zu genießen.
Kennen die Kinder die Gewürze, deren Geruch, Aussehen und Namen? Dazu ein paar Spielanregungen:

Tast-Spiel

Material: Schachtel, Schere, Gewürze aller Art

In eine große Schachtel zwei so große Löcher schneiden, dass eine Kinderhand hineingreifen kann.
Jeden Tag zwei andere Gewürze in diese Schachtel legen.
Die Kinder schlüpfen mit ihren Händen hinein, tasten mit den Fingern die Gewürze ab, nehmen ihre Hände wieder heraus und riechen daran.
Welches Gewürz ist in der Schachtel versteckt? Auf keinen Fall das Gewürz aus der Schachtel herausnehmen und nachschauen – sonst ist der Spaß vorbei!

Schnupper-Spiel

Material: leere Filmdosen, Gewürze aller Art

In kleinen, leeren Filmdosen unterschiedliche Gewürze aufbewahren und für diese Spiele bereit gehalten:
* Mit geschlossenen Augen an einer Dose schnuppern und raten, nach welchem Gewürz es riecht.
* Ein Kind reicht ein Gewürz zum Schnuppern, das andere muss das Gewürz mit geschlossenen Augen aus den vielen Dosen wiederfinden.
* Ein Kind nennt den Namen eines Gewürzes, das andere schnuppert mit geschlossenen Augen an den Dosen und sucht das Gewürz heraus.

Bohnenfest

Das Bohnenfest, das heute noch in Holland, Flandern, Frankreich und der Schweiz zu finden ist, bezieht sich auf vorchristliche Bräuche: Während der „rauhen Nächte" (➤ S. 36) nach der Wintersonnenwende sollten keine Hülsenfrüchte gegessen werden, weil sie Dämonen anlocken könnten. Sobald ihr Genuss wieder erlaubt war, wurde gefeiert.

Material für die Krone: Goldpapier, Schere, Klebstoff

Die Kinder essen miteinander den Königskuchen (➤ S. 89) oder den Weihnachtskuchen (➤ S. 74), bei dem eine Bohne in den Teig gesteckt und mitgebacken wurde. Wer in seinem Kuchenstück die versteckte Bohne findet, wird Bohnenkönig. Er bekommt die gebastelte Krone aus Goldpapier aufgesetzt und wird mitsamt seinem Stuhl dreimal hochgehoben. Dabei helfen alle mit.
Anschließend darf der „König" oder die „Königin" bestimmen, welche Spiele gespielt werden.

Königskuchen „Galette des rois"

Zutaten: 250 g Mehl, 175 g Butter, 1 Tasse Milch, 2 Eier, 1 EL Puderzucker, 1 EL Hagelzucker, 1 Prise Salz, 1 dicke Bohne

Vorbereitung: Arbeitsfläche bemehlen, Springform (Ø 30 cm) einfetten, Backofen auf 170° C vorheizen

Das gesamte Mehl auf die Arbeitsfläche schütten und eine Vertiefung in die Mitte drücken.
Dahinein vorsichtig die Milch schütten.
Salz, Puderzucker und 1 Ei hinzufügen.
Den Teig zuerst mit einem Holzlöffel, dann mit den Händen verarbeiten, bis er fest und glatt ist.
Den Teig vom Rand zur Mitte ausrollen, so dass er in der Mitte dicker ist.
150 g Butter schaumig rühren (die restlichen 25 g werden zum Einfetten der Form gebraucht), in die Mitte des Teigs geben und die Seiten darüber klappen.
Teig zu einem schmalen Rechteck von ca. 1 cm Dicke ausrollen.
Dreimal falten und wieder ausrollen.
Das Ganze viermal wiederholen, dazwischen den Teig jeweils 15 Minuten ruhen lassen.
Den Teig rund formen, die Bohne in die Mitte stecken.
In eine mit der restlichen Butter eingefettete Springform geben.
Das Eigelb vom 2. Ei trennen, verquirlen und damit den Kuchen bestreichen.
Die Oberfläche mit der Gabel anritzen und mit Hagelzucker bestreuen.
Im Backofen ca. 25 Minuten backen und lauwarm essen.

Gefüllte Datteln

Zutaten: 30 Datteln, 100 g Marzipan-Rohmasse, 3 EL Puderzucker, 15 geschälte Mandeln, 150 g Kuvertüre, je 1 Messerspitze Zimt und Nelkenpulver, 1 Prise Ingwerpulver

Datteln längs einschneiden und den Kern entfernen.
Marzipan und Zucker verkneten, in jede Dattel ein kleines Stück davon stecken und die Dattel wieder zusammendrücken.
Mandeln mit einem Messer der Länge nach halbieren.
Kuvertüre nach Gebrauchsanweisung schmelzen, in eine Schüssel gießen und die Gewürze einrühren.
Mit einem Zahnstocher jeweils eine Dattel aufpieksen, in die Kuvertüre eintauchen, herausnehmen, kurz die überschüssige Schokolade abtropfen lassen und die Dattel auf einen Teller legen.
So lange die Kuvertüre noch flüssig ist, auf jede Dattel eine Mandelhälfte aufdrücken.
Ist die Kuvertüre hart geworden, die Datteln mit einem breiten Tortenmesser vom Teller lösen.

Marzipan-Kartoffeln

Zutaten: 150 g Marzipan-Rohmasse, 12 EL Puderzucker, 2 TL Kakao

Marzipanmasse mit dem Puderzucker verkneten.
Mit einem Teelöffel kleine Portionen herausnehmen und mit den Händen zu Kugeln formen.
Kakaopulver auf einen Teller schütten, die Kugel darin wälzen und den überschüssigen Kakao von der Kugel wieder abschütteln.

Stille Nacht! Heilige Nacht!

Text: Josef Mohr, 1818, Musik: Franz Xaver Gruber, 1818

Nr. 23

1. Stille Nacht! Heilige Nacht!
Alles schläft, einsam wacht
nur das traute, hochheilige Paar.
Holder Knabe im lockigen Haar,
schlaf in himmlischer Ruh,
schlaf in himmlischer Ruh.

2. Stille Nacht! Heilige Nacht!
Hirten erst kundgemacht,
durch der Engel Halleluja
tönt es laut von fern und nah:
Christ der Retter ist da,
Christ der Retter ist da!

3. Stille Nacht! Heilige Nacht!
Gottes Sohn, o wie lacht
Lieb aus seinem göttlichen Mund,
da uns schlägt die rettende Stund',
Christ, in deiner Geburt,
Christ, in deiner Geburt.

Silent Night, Holy Night,
all is calm, all is bright.
Round 'yon virgin, mother and child,
Holy infant so tender and mild.
Sleep in heavenly peace.
Sleep in heavenly peace.
(englisch)

Douce nuit, sainte nuit!
Tout dort, seul veille lui,
ce couple très saint et bienheureux.
Charmant Enfant aux jolis cheveux,
dors en céleste repos,
dors en céleste repos!
(französisch)

Noche de paz, noche de luz;
ha nacido Jesús.
Pastorcillos que oís anunciar,
no temáis cuando entréis a adorar:
Que ha nacido el Amor.
Que ha nacido el Amor.
(spanisch)

Die Geschichte von „Stille Nacht"

Dieses Lied steht in der Hitparade der Weihnachtslieder weltweit an erster Stelle, und das schon seit über hundert Jahren. Getextet hat es Josef Mohr, Hilfsprediger im österreichischen Oberndorf. Die Orgel in seiner kleinen Kirche funktionierte nicht mehr, und eine Heilige Christmette ohne Musik war für ihn unvorstellbar. Also setzte er sich hin und ersann einen Text, der so einfach sein sollte, dass ihn der Chor bei der Christmette gleich mitsingen könnte.

Mit seinem neu geschaffenen Liedertext ging Josef Mohr zu seinem Freund Franz Xaver Gru-

ber, dem Lehrer und Organisten im Nachbarort Arnsdorf, der zusätzlich den Orgeldienst in Oberndorf inne hatte. Josef Mohr bat ihn, zu dem kleinen Gedicht eine Melodie zu komponieren, und zwar mit Gitarrenbegleitung und Stimmen für zwei Solisten und einem kleinen Chor. Gesagt, getan.

Bei der Uraufführung zu Weihnachten 1818 sangen Josef Mohr und Franz Xaver Gruber die Soloparts und der kleine Chor, der keine Zeit mehr zum Üben hatte, wiederholte nur die jeweilige Schlusszeile. So ist es überliefert.

Dann geriet das Lied in Vergessenheit. In dem Notenstapel, der in der kleinen Kirche aufbewahrt wurde, fand es 1825 der Orgelbauer Carl Mauracher, als er die Orgel in Oberndorf reparierte. Er schrieb die Noten ab, nahm sie mit nach Hause ins Zillertal in Südtirol, und übergab sie dort einer bekannten Sängergruppe, den vier Geschwistern der Familie Strasser.

Als die Zillertaler Geschwister 1832 in Leipzig und danach auch zur Christmette in der Hofkapelle der Pleißenburg auftraten, sangen sie das Lied „Stille Nacht". Der Erfolg war groß, und das Lied wurde in dem Faltblatt „Vier Tiroler Lieder" abgedruckt. Danach nahmen es auch andere Liedersammlungen auf, allerdings mit Quellenangaben wie „Altes Volkslied aus dem Zillertal" oder „Echtes Tirolerlied".

1854 wollte die Königliche Hofkapelle von Berlin Genaueres über den Urheber dieses beliebten Weihnachtsliedes erfahren, weil sie vermutete, Josef Haydn hätte es geschrieben. Also wurde in Salzburg angefragt.

Der Zufall wollte es, dass zu dieser Zeit Franz Xaver Gruber in einem Stift in Salzburg lebte. Er erfuhr von den Nachforschungen, meldete sich zu Wort und konnte nun genau erzählen, von wem und zu welchem Anlass das Lied gedichtet und komponiert wurde. Großzügig erklärte er das Lied „Stille Nacht" zum Geschenk Österreichs an die ganze Welt!

Das Fest, zu dem Kinder aus anderen Nationen, Religionen und Kulturen eingeladen werden

Sinn des Festes

Nicht überall wird Weihnachten so gefeiert wie in Deutschland. Und manche Menschen, die einer anderen Religion angehören, feiern überhaupt kein Weihnachten, dafür aber vielleicht ein anderes Fest (➤ S. 78).

Für Eltern, ErzieherInnen und LehrerInnen

Wenn wir über fremde Kulturen mit den Kindern sprechen, können wir Interesse für Neues, Fremdes und Ungewohntes wecken. Dabei entdecken wir, dass es viele Gemeinsamkeiten gibt. Aber auch das Anderssein kann spannend und interessant sein, wenn die Kinder neue Lieder, Getränke, Süßigkeiten und besondere Bräuche entdecken. Dazu kann dieses Fest beitragen, bei dem Kinder aus anderen Ländern, Kulturen und Religionen eingeladen werden.

Einladung

Die Kinder beschließen selber und stimmen ab, mit welcher anderen Kindergruppe sie feiern wollen. Dann schreiben sie die Einladung und bitten die Gäste, einen Gegenstand von zu Hause für den festlichen Raumschmuck und vielleicht auch eine kleine typische Speise mitzubringen sowie ein Sitzkissen. Nach dem Fest werden die Dekorationen wieder zurückgegeben.

Raumschmuck

Material: Krepppapierrollen, dünne Stoffe, Schnüre, Sicherheitsnadeln, Stecknadeln

Ein Baldachin gibt dem Raum die festliche Stimmung. Ob die Form wie ein Zeltdach oder eher wie ein Hüttendach oder ein phantasievolles Wolkendach aussehen soll, das kommt darauf an, wie und wo man Krepppapierbahnen und Stoffe mit den Schnüren an Decke und Wänden befestigen kann. Die Kinder überlegen sich die Konstruktion und werden sicher ein paar Alternativen ausprobieren, bis die endgültige Lösung gefunden ist. Doch der Aufwand lohnt sich, denn so ein Baldachin sieht wirklich prächtig und festlich aus.
Mit Sicherheits- oder Stecknadeln stecken die Kinder viele Strohsterne (➤ S. 85 f.) daran fest. Unter diesem Baldachin treffen sich die Kinder zum Fest. Hier legen sie ihre Sitzkissen aus und werden dicht gedrängt Platz nehmen.

Zimmerschmuck

Diesmal gibt es keinen Christbaum. Es werden einfach Zweige von Tannen und anderen Bäumen in einen mit Erde gefüllten Eimer gesteckt. Daran können die Gastkinder später ihren Schmuck hängen, den sie von zu Hause mitgebracht haben. Dabei erklären sie, wie dieser Schmuck heißt und warum sie ihn für das Fest ausgesucht haben.

Fensterschmuck

An alle Fenster malen die Kinder mit abwaschbaren Fensterfarben Sterne und Regenbögen. Der Regenbogen ist ein Symbol des Friedens.

Essen und Trinken

In Schüsseln oder Tellern bieten die Kinder den Gästen selbst gemachte Naschereien (➤ S. 89 und Rezepte im Register, S. 126) an. Es gibt Pfefferminztee in Gläsern.
Jedes Glas kann mit einem Stern beklebt sein, auf den die Kinder ihren Namen schreiben.

„Stille Nacht"
(Liedgestaltung)

Erzählen Sie den Kindern die Geschichte des Liedes „Stille Nacht" (➤ S. 91). Dann singen die Gastgeber-Kinder „Stille Nacht", oder es wird die zum Buch gehörende CD aufgelegt, und die Kinder singen einfach mit. Wenn die Gäste wollen, singen sie die letzte Zeile jeder Strophe mit, so wie es damals der kleine Kirchenchor in Oberndorf gemacht hat.

„Folge dem Weihnachtsstern"
(Liedgestaltung)

Die Kinder basteln aus Pappe einen großen Weihnachtsstern, den sie mit goldener Farbe bemalen und an einem langen Stab befestigen. Sie stellen sich zum Singen des Liedes (➤ S. 83) dicht zusammen. Das Kind in der Mitte trägt den Weihnachtsstern. Beim Refrain hält es diesen hoch und alle SängerInnen schauen nach dem Stern, während sie den Refrain singen.

Königskuchen-Spiel

Die Kinder teilen Kuchenteller und Gabeln aus und verteilen den Kuchen. Sind viele Gäste eingeladen, gibt es mehrere „Königskuchen", doch nur in einem ist die Bohne versteckt. (➤ S. 89) Der „Bohnenkönig" (➤ S. 88) bekommt eine Krone aufgesetzt und wird auf einem Stuhl von den Erwachsenen durch den Raum getragen.

Erzählrunde

Die Kinder erzählen, welches Fest bei ihnen zu Hause, in ihrer Heimat oder in ihrer Religion am schönsten ist und wie sie es feiern. Wer etwas sagen möchte, bekommt z. B. einen mit goldenen Bändern verzierten Redestab in die Hand. Nur wer will, erzählt von seinem Fest, auch das Zuhören ist spannend.

Bescherung

Das Geschenk für die Kinder ist gleichzeitig ein Spiel. Zur Einstimmung für dieses sehr emotionale Spiel erklingt leise Musik, dabei gehen die Kinder im Raum umher und schauen sich erst einmal nur an. Wenn die Musik verstummt, beginnt das Spiel:
Jedes Kind bekommt einen selbst gebastelten Stern (➤ S. 85 f.) in die Hand.
Damit geht es auf ein anderes zu, sagt einen schönen Wunsch und tauscht den Stern aus.
Dreimal sollen die Kinder auf ein anderes Kind zugehen und Wünsche und Sterne austauschen, das ist die Spielregel.

Zum Feiern zu Hause

Zum Schluss fotografiert die Gruppenleitung die gesamte Kindergruppe. Vor Weihnachten bekommt jedes Kind einen Abzug davon. Mit dem Foto in der Hand kann das Kind zu Hause erzählen, was es gespielt, gehört und gesehen und wen es kennen gelernt hat.

Weihnachten als Friedensfest
Kinder feiern mit ihren Eltern ein Friedensfest

Schwerpunkt-Themen

* Engel
* Frieden
* Glocken

Von wohl tönenden Glocken, starken Engeln und Frieden mitten im Krieg

Glocken gehören zu Advent und Weihnachten wie Tannengrün und Kerzen. Ob es nun das kleine, silberhelle Glöckchen ist, das die Kinder zur Bescherung ins Wohnzimmer mit dem geschmückten Baum ruft oder das volle Geläut des Doms, das zur Christmette einlädt.

Ursprünglich kommt das Glockenläuten aus China. Bei uns wird erst um die erste Jahrtausendwende von Glockengießern berichtet. Sie stellten damals schon große Geläute her und gaben ihr Wissen an ihre Nachfolger weiter. Die Ton- und Gewichtsverhältnisse genau abzustimmen, war ein gut gehütetes Geheimnis. Zwar lässt sich berechnen, dass eine dickere Glockenwand (bei gleichem Durchmesser) einen höheren Ton, eine Vergrößerung des Durchmessers (bei gleichem Gewicht) einen tieferer Ton erzeugt. Diese mathematischen Überlegungen sagen aber noch nichts über die Klangfarbe aus, die von den Tonschwingungen beeinflusst wird. Und so setzt auch heute noch der Glockengießer vor allem auf seine Erfahrung.

Magische Zeichen, Segen und Gebetsformeln auf den Glocken sollten früher ihre Funktion als Teufelsabwehr verstärken. Es hieß auch, die Glocken würden manchmal von selbst läuten, um ein Unheil anzukündigen oder ein Verbrechen aufzudecken. Für uns heute verbinden sich mit Glockengeläut vor allem kirchliche Festtage, freudige oder traurige Familienereignisse und das Gefühl von Frieden.

Die Feinde feiern gemeinsam

Weihnachten als Fest der Nächstenliebe und der Friedensbotschaft. Wie stark dieses Symbol sein kann, zeigt eine anrührende Begebenheit aus dem Ersten Weltkrieg. Sie wurde von den Soldaten nach Hause berichtet, in Tagebüchern aufgezeichnet und so für die Nachwelt erhalten. In Nordfrankreich und Belgien lagen die deutschen Angreifer auf der einen, Briten, Franzosen und Belgier auf der anderen Seite in ihren Schützengräben, oft weniger als hundert Meter voneinander entfernt. Es war der erste Stellungskrieg der Geschichte. Seit Beginn des Krieges hatte es schon eine Million Verwundete und Tote gegeben. Da verbrüderten sich am Heiligabend 1914 an der fast 800 Kilometer langen Westfront die Soldaten, sangen Weihnachtslieder, wünschten sich „Merry Christmas" und „Fröhliche Weihnachten" und tauschten kleine Geschenke aus. An einem Frontabschnitt wurde sogar ein Fußballspiel organisiert. Diese kleine Atempause der Menschlichkeit und des Pazifismus dauerte allerdings nur kurz. Die Heeresleitungen befahlen das Ende der Feuerpause am zweiten Weihnachtstag.

und vor allem des Barock. Jetzt wurde die lichte Gestalt betont, Engel waren weiblich oder Kinder (als Putten).

Viele Menschen glauben an Engel und können von Erlebnissen erzählen, bei denen sie ihren Schutzengel wahrnahmen. Auch für Kinder ist es beruhigend und macht sie stark, wenn sie wissen, dass ein Schutzengel sie begleitet. Und als christlicher Taufspruch wird gern der Psalm 91 (Vers 11 – 12) gewählt: „Denn er hat seinen Engeln befohlen, dass sie dich behüten auf all deinen Wegen, dass sie dich auf Händen tragen und du deinen Fuß nicht an einem Stein stoßest."

Und wer an die himmlischen Boten nicht glauben mag, der versucht vielleicht selbst, für einen anderen Menschen Schutz und Begleitung zu sein.

Der Götterbote

Die Weihnachtsbotschaft wird von einem Engel verkündet. Maria erhält schon vorher Besuch von einem Engel, der ihr ankündigt, dass sie ein besonderes Kind bekommen werde. „Angelos" ist griechisch und heißt Bote. So haben Engel in der Bibel häufig Botenaufträge. Und sie erledigen Aufgaben als Mittler zwischen Gott und den Menschen, sie warnen, loben, verkünden, begleiten und beschützen. Engel sind keine Erfindung der christlichen Religion. Geflügelte Wesen in menschlicher Gestalt gehören zu den Urmythen der Menschheit. In der jüdischen und in der christlichen Tradition gibt es auch den gefallenen Engel, Luzifer und seine Helfer wurden aus dem Himmel verstoßen und stellen nun den göttlichen Schöpfer in Frage.

Die Kraft und die Ambivalenz der Engel verlor sich in den Darstellungen des Spätmittelalters

Auch das noch!

„Können Engel fliegen?", fragt der britische Wissenschaftsjournalist Roger Highfield in seinem Buch über die „Wissenschaft von der Weihnachtszeit". Und führt zahlreiche eindrucksvolle Berechnungen von Wissenschaftlern darüber an, wie es denn angehen kann, dass Engel fliegen (und dabei immer am richtigen Ort sind, um ihre Schutzbefohlenen aus Gefahren zu retten) oder Santa Claus mit seinen Rentieren in unvorstellbarer Geschwindigkeit um den Erdball saust, um alle Kinder zu beschenken. Bei all diesen wissenschaftlichen Gedankenspielen wurde allerdings ein Geheimnis noch nicht gelüftet: Wieso werden Engel meistens nackt oder leicht bekleidet dargestellt, der Weihnachtsmann, der ja zu Zeiten unter denselben klimatischen Bedingungen arbeitet, dagegen tritt mit einem dicken, pelzbesetzten Mantel auf?

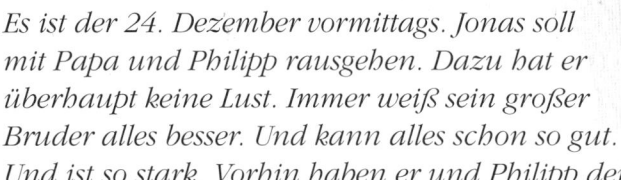

Jonas darf mitspielen

Bernhard Schön

*Es ist der 24. Dezember vormittags. Jonas soll
mit Papa und Philipp rausgehen. Dazu hat er
überhaupt keine Lust. Immer weiß sein großer
Bruder alles besser. Und kann alles schon so gut.
Und ist so stark. Vorhin haben er und Philipp dem
Papa dabei geholfen, den Weihnachtsbaum ins Wohnzimmer zu bringen. Und wer
hat wieder nur an zwei Zweige fassen dürfen? Natürlich „der Kleine", weil Papa und
Philipp schon das ganze Gewicht vom Stamm getragen haben. Wenn sich Jonas dann
ärgert, wird er zwar von seinen Eltern getröstet, aber das ändert auch nicht viel.
Er hat wirklich überhaupt keine Lust auf den Spaziergang. Philipp hat nämlich den
Fußball mitgenommen, und wenn sie zum Bolzplatz kommen, darf er, Jonas, bestimmt wieder nur im Tor stehen und die Bälle holen, die er sowieso nicht halten
kann. Papa spielt auch lieber mit Philipp, das merkt Jonas ganz genau. Der ist ja
auch schon neun und Stürmer im Fußballverein!
Murrend zieht Jonas mit seinem Bruder und seinem Vater los. Nach einer Stunde auf
dem Bolzplatz hat er so oft genörgelt und sich beschwert, dass auch Philipp die Lust
am Fußballspielen verliert und sie alle nach Hause gehen.
Unterwegs nimmt Papa Philipp beiseite und sagt zu ihm: „Sei doch ein bisschen netter
zu Jonas. Und tu nicht immer so überlegen. Erinnerst du dich, wie du letzte Woche
heulend nach Hause gekommen bist, weil dich der Kerl aus der 5. Klasse vor allen
lächerlich gemacht hat? Das ist für niemanden schön, wenn ein Großer sich einem
Schwächeren gegenüber aufspielt." Philipp ist beleidigt und guckt störrisch nach
unten. Daran hätte ihn Papa nun wirklich nicht erinnern müssen.
Zu Hause verschwindet Papa sofort in der Küche. Er will das Essen für heute Abend
vorbereiten. Von Mama ist nichts zu sehen. Und in das Wohnzimmer darf – wie
immer vor Heiligabend – niemand mehr hinein.
Jonas langweilt sich. Er geht zu Philipps Zimmer und schaut vorsichtig um die Ecke.
Sein Bruder sitzt wieder vor der Autorennbahn. Er lässt Jonas nie mitmachen. Einmal hat sich Jonas darüber so geärgert, dass er seinen Ball auf die Autos geworfen
hat. Das war nicht so gut gewesen.
Philipp langweilt sich auch. Allein macht es keinen richtigen Spaß mit der Autorennbahn. Sein kleiner Bruder ist immer gleich beleidigt, wenn er mal verliert, das nervt.
Jetzt steht Jonas bestimmt vor der Tür und beobachtet ihn. Doch dann erinnert er sich
daran, was Papa auf dem Nachhauseweg gesagt hat. Ob er es vielleicht doch noch
einmal versuchen soll? Aber wehe, Jonas fängt an zu heulen, dann ist sofort Schluss,
das schwört er sich. Also dreht sich Philipp betont gleichgültig um, sieht seinen Bruder
an und fragt ihn: „Willst du mitspielen?"*

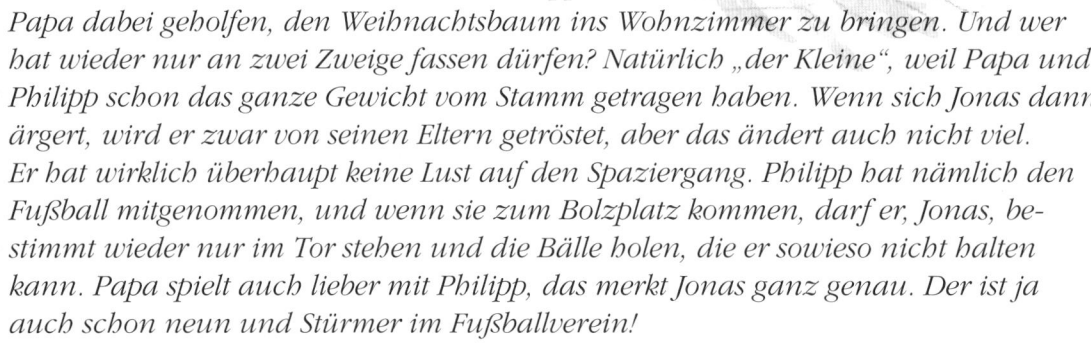

Jonas kann sein Glück kaum fassen, weil er sich auch noch
das Auto aussuchen darf, grün oder rot? Keine Frage: Der rote
Flitzer muss es sein. Jonas ruft: „Du bist der liebste, liebste, liebste
Bruder, den ich habe!" Darüber freut sich nun auch Philipp.
Dann starten sie das erste Rennen. Und noch eins. Und noch
eins. Jonas gibt sich große Mühe, keinen Wutanfall zu bekommen, wenn er verliert. Sie sind völlig in ihr Spiel versunken.
Papa will die beiden Jungen zum Essen holen. Mama ist inzwischen auch wieder da. Sie wundern sich über die Stille, das
sind sie gar nicht gewohnt. Da entdecken sie Jonas und Philipp,
wie sie selbstvergessen mit den Rennautos spielen. Und Papa
schmunzelt: „Das ist ja ein richtiges Weihnachtswunder, so ein
friedlicher Heiligabend!"

Ein Engel fiel vom Himmelsrand

Musik und Text: Reinhold Alexander und Ralf Kiwit

Nr. 20

Vor Käl-te knack-te leis das Eis, der Wind kam von Nord-ost, und
al-le Fel-der wa-ren weiß vom grim-mig kal-ten Frost. Es
war so selt-sam wun-der-bar, der See schien wie ge-leckt, und
auch die grau-e Stadt war fein zärt-lich schnee-be-deckt.

1. Vor Kälte knackte leis das Eis,
der Wind kam von Nordost,
und alle Felder waren weiß
vom grimmig kalten Frost.
Es war so seltsam wunderbar,
der See schien wie geleckt,
und auch die graue Stadt war
fein zärtlich schneebedeckt.

2. Ein Engel fiel vom Himmelsrand
und landete ganz sacht
in einer warmen Kinderhand,
in jener Winternacht.
Es war die heilig Weihnachtsnacht,
unschuldig schlief das Kind
und hat im Traum ganz kurz gelacht,
weil Engel kitzlig sind.

3. Ein Engel fiel vom Himmelsrand
und hat sich klein gemacht
in dieser warmen Kinderhand,
und blieb die lange Nacht.
(nach der Melodie ab Takt 9)

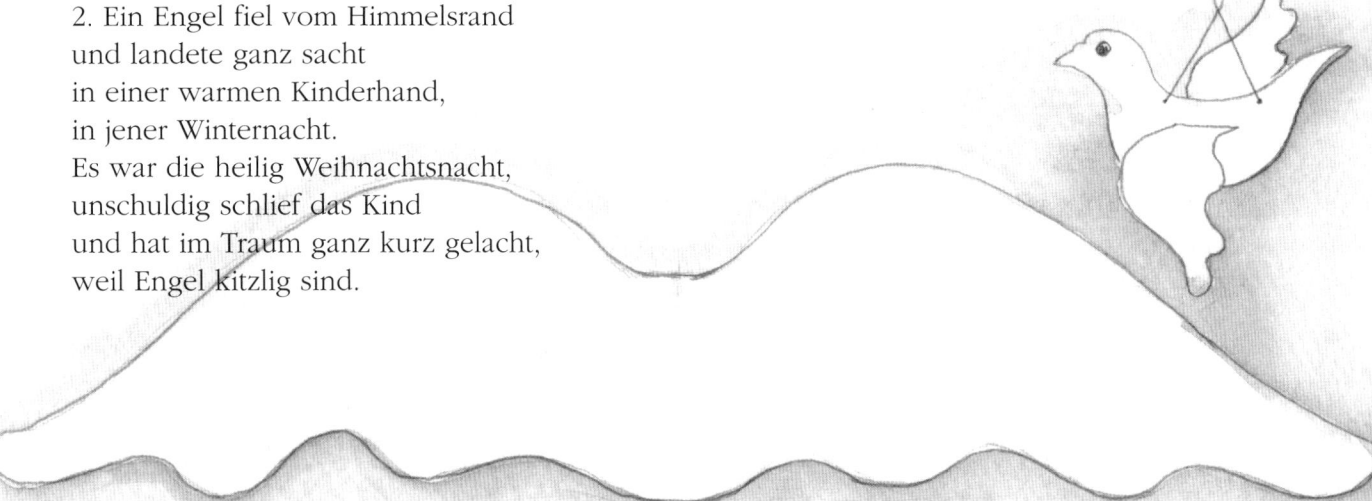

Friedenstauben

Material: dünner Karton, Papier, Stift, Schere, Nadel und Faden; evtl. Moosgummi
Vorbereitung: auf den Karton den Umriss eines Vogels (s. Abb. unten) zeichnen

Die Vogelzeichnung ausschneiden und dort, wo die Flügel sein sollen, senkrecht einen 1 – 2 cm langen Schlitz einschneiden.
Ein Quadrat (ca. 15 x 15 cm) aus dem Papier ausschneiden.
Das Quadrat wie einen Fächer im Zickzack mit Faltstreifen von 1 – 2 cm Breite falten.
Diesen Fächer in den Flügelschlitz schieben und an beiden Seiten zu Flügeln auseinander ziehen.
Mit Nadel und Faden am Körper eine Aufhängeschlaufe einziehen und verknoten.

Tipp
Wer mehrere gleich aussehende Friedenstauben basteln möchte, der fertigt vom Umriss des Vogels eine Schablone an.

Variante aus Moosgummi
Den Umriss des Vogels auf Moosgummi zeichnen und ausschneiden.

Dort, wo die Flügel durchgeschoben werden, einen kleinen, waagrechten Schlitz (ca. 1 – 2 cm) einschneiden.
Die Flügel aufzeichnen (s. Abb. S. 98), ausschneiden und durch den Schlitz ziehen.
Mit Nadel und Faden eine Aufhängeschlaufe anbringen.
Die Friedenstauben aus Moosgummi können auch im Freien aufgehängt werden.

Goldglöckchen

Material: Goldpapier, Schere, Klebstoff, Goldfaden, Nadel, Perle

Auf Goldpapier einen Kreis malen, ausschneiden, zur Hälfte falten und entlang der Faltlinie durchschneiden.
Je einen Halbkreis zur Tüte bzw. Glocke zusammendrehen und festkleben.
Perle am Goldfaden festknoten, einen weiteren Knoten so einknüpfen, dass die Glocke an dem Faden hält, wenn er durch die Glockenspitze gezogen wird, und die Perle als Klöppel unten herausschaut.
Den Faden mit der Nadel durch die Spitze der Glocke ziehen und eine Aufhängeschlaufe anbringen.

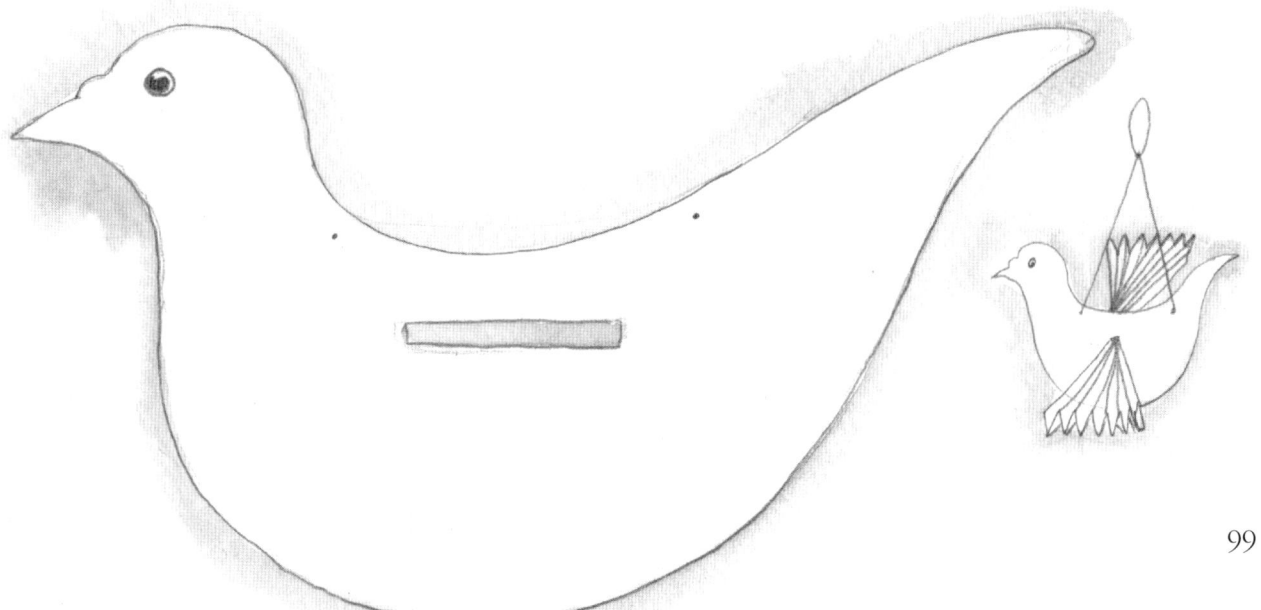

Winternacht

Christian Morgenstern (1871 – 1914) ist mit
seinen Gedichtsammlungen „Galgenlieder" und
„Palmström" auch heute noch sehr populär.
Er hat – wie Wilhelm Busch – manchmal
ganz leise Töne angestimmt.

Es war einmal eine Glocke,
die machte b-a-u-m, b-a-u-m.
Und es war einmal eine Flocke,
die fiel dazu wie im Traum.

Die fiel dazu wie im Traum ...
Die sank so leis' hernieder,
wie ein Stück Engleingefieder
aus dem silbernen Sternenraum.

Es war einmal eine Glocke,
die machte b-a-u-m, b-a-u-m.
Und dazu fiel eine Flocke,
so leis' als wie ein Traum.

So leis' als wie ein Traum.
Und als vieltausend gefallen leis',
da war die ganze Erde weiß,
als wie von Engleinflaum.

Da war die ganze Erde weiß,
als wie von Engleinflaum.

So ist mein Schutzengel

Bernhard Schön

Mein Schutzengel
hat lange, blonde Haare
und ist größer als ich.
Mein Schutzengel
hat Flügel und kann
überall hinfliegen.
Mein Schutzengel
hat eine sanfte Stimme
und ist eine Frau.
Mein Schutzengel
kommt abends zu mir
und wacht die ganze Nacht
an meinem Bett.
Mein Schutzengel
hat rechts einen Flügel
mit schönen weichen Federn,
der linke ist kleiner
und ganz zerzaust.
Mein Schutzengel
hat nur selten Hunger,
aber wenn er isst,
dann auf keinen Fall Gans,
auch nicht zu Weihnachten.
Mein Schutzengel
hat immer Zeit für mich,
und ich kann ihm alles erzählen.
Mein Schutzengel
hat ganz lange Arme,
und einmal hat er mich
damit zurückgeholt, als ich
auf die Straße gerannt bin.

Erzähl mir,
wie ist das mit deinem Schutzengel?

Weißer Engel

Diese Engelchen sehen sehr witzig aus und sind schnell gebastelt, so dass viele an einem Zweig „schweben" können.

Material: Papieruntersetzer für Kaffeetassen, Füllwatte, kleine rosa Wattekugel, Filzstifte, 2 weiße Federn, rosa Papier, Schere, Faden und lange, spitze Nadel

Papieruntersetzer zu einer spitzen Tüte zusammendrehen.
Mit Nadel und Faden zuerst die Tüte, mit der Öffnung nach unten, und dann die Wattekugel auffädeln.
Oberhalb der Wattekugel eine Aufhängeschlaufe knüpfen.
Von der Füllwatte ein Stückchen abzupfen und als Haare auf die rosa Wattekugel kleben.
Mit Filzstift ein Gesicht aufmalen.
Auf das rosa Papier kleine Füßchen malen, ausschneiden und vorne an den unteren Rand des Papierkleids ankleben.
Hinten Federflügel ankleben.

Friedensbilder

Material: Kerze, Malpapier und Farben, evtl. leise Musik, Früchtetee, Gebäck

Was bedeutet den Kindern Frieden?
Um darüber miteinander in ein gutes Gespräch zu kommen, braucht es eine stimmungsvolle Atmosphäre mit Kerzenlicht und leiser Instrumentalmusik, mit duftendem Früchtetee und für jeden ein Gebäck aus der „Weihnachtsdose".
Die Kinder setzen sich in einen Kreis, so dass jeder jeden sehen kann.
Wer möchte etwas über den Frieden sagen? Vor diesem Kind wird die Kerze aufgestellt, dann hören ihm alle zu. Ist es fertig mit seinen Äußerungen, schaut es sich um, wer auch etwas sagen will und trägt die Kerze zum nächsten Kind.
Will keiner mehr etwas sagen, bleibt es noch ein kleines Weilchen still, zum Nachdenken und Weiterdenken.

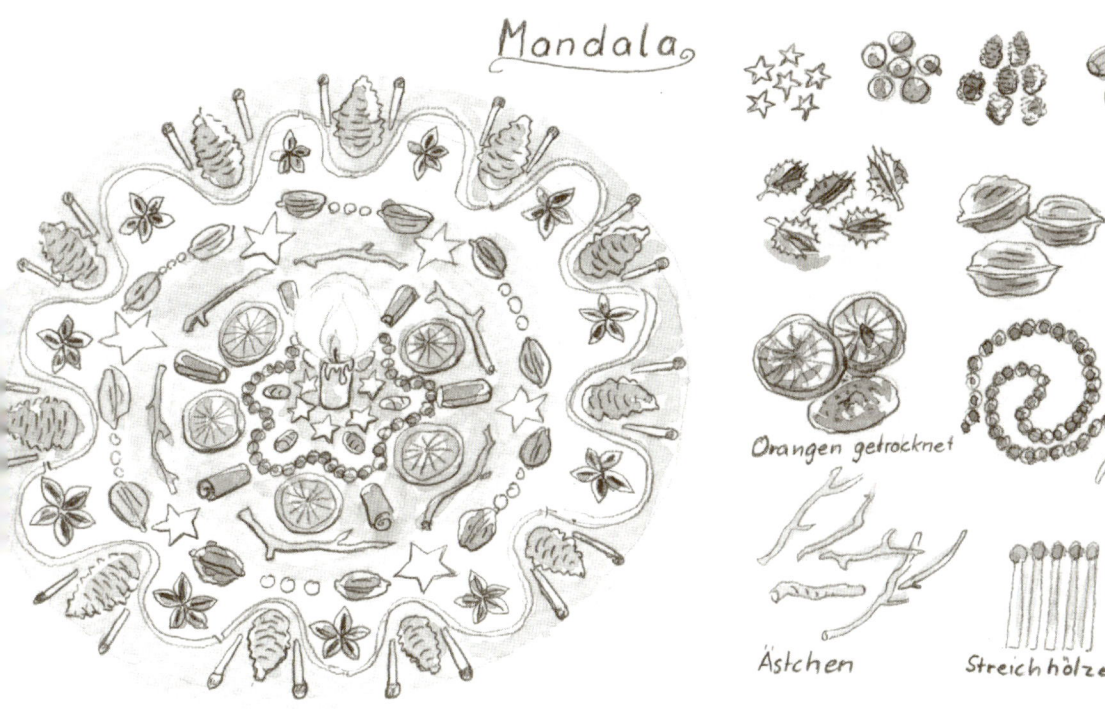

Mandala

Kiesel

Zimt

Orangen getrocknet

Lametta

Ästchen

Streichhölzer

Sternanis

Wir malen ein Friedensbild

Die Kinder holen Malpapier und Farben, setzen sich an Tische, und jedes Kind malt ein „Friedensbild". Schön wäre es, wenn auch jetzt noch alle still blieben.

Danach treffen sich die Kinder wieder im Kreis und beschreiben und interpretieren ihre Friedensbilder.

Anschließend werden alle Bilder als Bildergalerie an die Wand gehängt.

Notieren Sie sich beim Gruppengespräch die Aussagen der Kinder, schreiben diese – wenn nötig in gekürzter Fassung – auf einzelne Blätter und hängen zu jedem Bild die „Künstler-Worte".

Diese Friedensbilder könnten auch in der Eingangshalle eines Krankenhauses, im Schalterraum einer Bank, im Vorraum der Kirche oder des Gemeindehauses ausgestellt werden.

Tipp

Informieren Sie die Lokalpresse über diese Malaktion der Kinder, vielleicht interessiert sich ein Redakteur dafür und schreibt darüber einen Bericht.

Mandala legen

Die Vorweihnachtszeit erleben die Kinder oft als hektische, laute Zeit, voller Trubel, Stress und Streit. Da wird das nachfolgende Spiel gut tun, denn hier geht es still und friedlich zu.

Material: Weihnachtsschmuck (z. B. kleine Sterne oder Glitzerkugeln, Goldbänder), Naturmaterialien (z. B. Tannenzapfen, kleine Äste, Bucheckern, Eicheln, Strohhalme), Körbe und/oder Schachteln, Kerze
Vorbereitung: Weihnachtsschmuck oder Naturmaterialien in Körben und Schachteln bereitlegen. Eine Kerze mitten auf den Tisch stellen.

Die Kinder setzen sich um den Tisch. Der Reihe nach nimmt jedes Kind ein paar Materialien und legt sie dekorativ um die Kerze.
Ist ausreichend Material da, können die Kinder mehrmals an die Reihe kommen und das Mandala weiter ausbauen.
Dieser Tischschmuck bleibt einige Tage liegen.

Engelsküsse

Zutaten: 4 Eiweiß, 250 g sehr feiner Zucker, 1 TL Zitronensaft, 2 – 3 Tropfen rote Lebensmittelfarbe, Liebesperlen (zum Bestreuen)
Vorbereitung: Spritzbeutel mit gezackter Tülle oder 2 Teelöffel bereit legen, Backblech mit Backpapier auslegen, Backofen auf 100° C vorheizen

Eiweiß steif schlagen. Messerprobe machen: Der Schnitt mit dem Messer muss sichtbar bleiben.
Löffelweise 2/3 des Zuckers hinzufügen, tropfenweise den Zitronensaft. So lange weiter schlagen, bis die Masse zäh wird. Erst dann den restlichen Zucker dazugeben und unterrühren.
Lebensmittelfarbe färbt stark, deshalb tropfenweise die rote Farbe unterrühren, bis die Masse rosa ist.
Spritzbeutel mit der Masse füllen und kleine Häufchen auf das Backblech spritzen oder mit einem Teelöffel etwas von der Masse nehmen und mit dem anderen Teelöffel abstreifen.
Zum Schluss feine Liebesperlen darüber streuen.
Im Backofen 60 – 90 Minuten backen, bis die Masse leicht aufgegangen und gelblich gefärbt ist.
Die Engelsküsse sind fertig, wenn sie beim Berühren nicht mehr nachgeben und sich auf dem Backpapier verschieben lassen.
Auf einem Kuchengitter auskühlen lassen.
Die Engelsküsse unbedingt in einem geschlossenen Gefäß aufbewahren, damit sie nicht zu hart werden.

Weihnachtsbaum schmücken

Diese Aktion ist vielerorts schon eine Tradition geworden: Kindergruppen schmücken im Ort die öffentlich aufgestellten Weihnachtsbäume, auf dem Marktplatz, vor der Kirche oder in der Fußgängerzone.

Wenn die Kinder dieses Jahr „Weihnachten als Friedensfest" feiern, dann könnten sie mit ihren Friedenstauben (➤ S. 99) den Baum schmücken.
Ältere Kinder schreiben auf ihre Friedenstauben Friedenswünsche.

Kling Glöckchen

Musik: Volksweise, Text: Karl Enslin (1814 – 1875)

Nr. 17

Refrain
F ... C ... F

1. Kling, Glöck-chen, kling-e-ling-e-ling, kling, Glöck-chen, kling!

Strophe
C ... F ... C ... C7 ... C ... C7 ... F

Laßt mich ein, ihr Kin - der, s'ist so kalt der Win - ter,

G ... G7 ... C ... Dm ... G ... C

öff - net mir die Tü - ren, laßt mich nicht er - frie - ren!

Refrain
F ... C ... F

Kling, Glöck-chen, kling-e-ling-e-ling, kling, Glöck-chen, kling!

Refrain: *Kling, Glöckchen, klingelingeling, kling, Glöckchen kling!*

1. Laßt mich ein ihr Kinder,
s'ist so kalt der Winter,
öffnet mir die Türen,
lasst mich nicht erfrieren.

Refrain: *Kling, Glöckchen ...*

2. Mädchen, hört, und Bübchen,
macht mir auf das Stübchen,
bring euch viele Gaben,
sollt euch dran erlaben.

Refrain: *Kling, Glöckchen ...*

3. Hell erglüh'n die Kerzen,
öffnet mir die Herzen,
will drin wohnen fröhlich,
frommes Kind, wie selig.

Refrain: *Kling, Glöckchen ...*

Das Friedensfest, zu dem die Kinder ihre Eltern einladen

Sinn des Festes

„Friede sei auf Erden!" heißt die Weihnachtsbotschaft. So liegt es nahe, ein Weihnachtsfest auch einmal ausschließlich unter dieses Motto zu stellen. Frieden wünschen sich alle Menschen, nicht nur für ihr Land, sondern auch in ihrer Familie, und so können bei diesem Fest auch Familien aus anderen Nationen, Kulturen und Religionen mitfeiern.

Für Eltern, ErzieherInnen und LehrerInnen

Was ist Frieden? Frieden ist mehr als nur „nicht Krieg". Darüber zu reden, könnte der Anfang der Planung des Friedensfestes mit den Kindern sein. Auch bei einem Elterngespräch oder Elternabend kann dies ein Diskussionsthema sein. Welche Konsequenzen könnten die Eltern daraus ziehen? Zum Beispiel sich vom Stress der Weihnachtsvorbereitungen zu lösen, sich mehr Zeit nehmen, Zeit für die Kinder, für sich selbst, für die Festvorbereitungen, und alles ganz langsam angehen lassen.

Glocken-Einladung

Diesmal ist die Einladung eine kleine Glocke, die die Kinder selber basteln.

Material: Salzteig oder Ton, alte Stricknadel, Goldfarbe, Pinsel, Goldfaden

Aus Salzteig oder Ton eine kleine Glocke formen, dazu eine Kugel als Klöppel. Mit einer alten Stricknadel durch beide Teile stechen, damit man diese nach dem Trocknen zusammenbinden kann.
Nach dem Trocknen beide Teile zuerst mit Goldfarbe bemalen, wieder trocknen lassen, dann mit dem goldenen Faden den Klöppel auffädeln, den Faden durch die Glockenform schieben und oben zu einer Aufhängeschlaufe knüpfen.
Zum Schluss an die Schlaufe einen schmalen Papierstreifen hängen, auf dem Festthema, Ort und Zeit geschrieben stehen.

Raumschmuck

Die Kindern schmücken den Friedensbaum zunächst mit Friedenstauben (➤ S. 99). Die Gäste werden zu Beginn des Festes aufgefordert, ihren Anteil zum Baumschmuck beizutragen.

Material: bunte gelochte Zettel, Stifte, Bänder, Schere
Vorbereitung: Bänder, Scheren und Stifte für alle sichtbar neben dem Baum bereit legen.

Jeder, der beim Fest den Festsaal betritt, bekommt einen bunten, bereits gelochten Zettel in die Hand und wird aufgefordert, einen Friedenswunsch in seiner Sprache aufzuschreiben und den Zettel mit einem Band an den Friedensbaum zu hängen.

Tipp

Weil an dem Baum viele Zettel hängen werden, ist es sicherer, den Baum mit elektrischen Kerzen auszustatten.

Tischschmuck

Die Kinder schmücken den Tisch mit Tannenzweigen und vielen kleinen Engelchen (➤ S. 102), die sie jedoch nicht an die Zweige hängen, sondern einfach auf dem Tisch verteilen.

Essen und Trinken

Die Kinder bieten den Gästen selbst gebackene Plätzchen an (➤ Rezepte im Register S. 126). Die Mädchen können dabei z. B. einen aus Goldpapier geklebten Haarreif tragen.

„Kling, Glöckchen"
(Liedgestaltung)

Wollen die ausländischen Gäste ein deutsches Weihnachtslied hören? Dann bietet sich das Lied „Kling, Glöckchen" an (➢ S. 105), es ist das Lieblingslied vieler Kinder. Der einfache Refrain kann von allen Gästen mitgesungen und von den Kindern mit Glocken, Cymbeln und Triangeln oder anderen Instrumenten begleitet werden.

„Ein Engel fiel vom Himmelsrand"
(Liedgestaltung)

Dieses Lied (➢ S. 98) erzählt eine kleine Geschichte. Am besten wird es nur von einem Sänger oder einer Sängerin vorgetragen, damit der Text gut zu verstehen ist.
Nach dem Vortrag geben die Kinder ihren Eltern einen kleinen, selbst gebastelten Engel (➢ S. 102) in die Hand.

„Winternacht"-Aufführung

Am Anfang und zur Einstimmung des Festes spielen die Kinder das Gedicht „Winternacht" von Christian Morgenstern (➢ S. 100) vor. Wollen die Kinder anstatt dieses Gedichtes auch die Geschichte „Jonas darf mitspielen" (➢ S. 96) in ihr Festprogramm aufnehmen, kann diese nach der Bescherung vorgelesen oder erzählt werden.
Die Gestaltung des Gedichts könnte so aussehen:

Instrumente
Als Instrumente eignen sich die tiefe Trommel oder Pauke, Klanghölzer oder Klangstäbe mit den tiefen Tönen c und f, und eine tief klingende Triangel.

Spielweise
Die Musikanten spielen pro Gedichtzeile nur einen Ton, der genau mit dem letzten Wort der Gedichtzeile erklingen soll.

Musikalische Umsetzung
Ein Sprecher liest oder spricht betont langsam und geheimnisvoll das Gedicht, und die Musikanten stimmen mit ein, jeweils mit dem letzten Wort pro Gedichtzeile.

Bescherung
Zuerst treten ein paar Kinder auf und erzählen, wie ihre Schutzengel aussehen (Anregungen dazu ➢ S. 101). Danach geht jedes Kind auf seine Familie oder seine Gäste zu und sagt jedem einen Schutzengel-Wunsch, also, was dessen Schutzengel machen oder auf was er aufpassen oder wobei er helfen soll. Dabei überreichen die Kinder einen kleinen, selbst gebastelten Engel (➢ S. 102).
Was die Kinder als Schutzengel-Wünsche vortragen, das überlegen und üben sie tags zuvor, wenn die Gästeliste vorliegt.
Und womit werden die Kinder beschenkt? Mit einer Tüte voller Engelsküsse (➢ S. 104).

Zum Feiern zu Hause

Jede Familie bekommt zum Abschied eine bunt beklebte Tüte überreicht, in der die Bastelsachen für weiße Engel (➢ S. 102) zusammengestellt sind, mit einer skizzierten oder kopierten Bastelanleitung, sowie die Aufmunterung, zu Hause am festlichen Abend miteinander die Engel zu basteln und damit den Tisch zu schmücken.

Waldweihnacht

Kinder feiern mit ihren Familien im Wald ein Weihnachtsfest

Schwerpunkt-Themen

* Tannenbaum
* Naturschmuck

Von grünen Blättern, nationalen Symbolen und Millionen Weihnachtssternen

„O Tannenbaum, wie grün sind deine Blätter" – diese Liedzeile enthält gleich zwei problematische Behauptungen: Es handelt sich um Nadeln und nicht um Blätter, und der Weihnachtsbaum ist in der Regel eine Fichte, jedenfalls war das früher so. In der Zwischenzeit erfährt die Tanne eine Renaissance. Der Nordmanntanne eilt der Ruf voraus, besonders haltbar zu sein und nicht so schnell die Nadeln zu verlieren. Bleiben also die Blätter.

Laubbäume werfen sie im Herbst ab. Das Signal dafür erhalten sie von den kürzer werdenden Tagen. Nadelbäume haben sich im Lauf der Evolution dafür entschieden, ihr „Kleid" das ganze Jahr über zu behalten und auch während der kalten, sonnenärmeren Zeit das spärliche Tageslicht in Energie umzuwandeln. Ihre „Blätter", die Nadeln, sind außerdem vor Kälte und Feuchtigkeitsverlust durch eine Wachs- oder Harzschicht geschützt – und produzieren damit den typischen „Tannenduft", der uns so stark an Weihnachten erinnert.

Die ersten Weihnachtsbäume – noch ohne Lichter – wurden in Deutschland aufgestellt, nach neueren Erkenntnissen wahrscheinlich im Schwarzwald oder im Elsass im 16. Jh. Martin Luther und andere Reformatoren erkoren den immergrünen Baum zum Weihnachtssymbol der Protestanten, in Abgrenzung zur Krippentradition in der katholischen Kirche.

Mit Kerzen geschmückte Christbäume standen damals vor allem in Adelshäusern. Von dort aus verbreiteten sie sich – Europas Fürstenhöfe waren durch Heiraten eng miteinander vernetzt – nach Frankreich, England, Russland. Hessische Soldaten, die von ihrem Landesherrn an die Engländer verkauft wurden und auf deren Seite im Unabhängigkeitskrieg gegen die Amerikaner kämpfen mussten, brachten diesen Brauch in die USA.

Im Kriegswinter 1870/71 ordneten aristokratische Heerführer sogar an, dass am Heiligabend in den Lazaretten, Quartieren und Unterständen Weihnachtsbäume aufgestellt und mit leuchtenden Kerzen geschmückt wurden. Und die heimgekehrten Soldaten sorgten dafür, dass bald in jedem Haus an Weihnachten ein Weihnachtsbaum erstrahlte.

Schon im 18. Jh. sahen die Waldbesitzer den Brauch, „Weihnachtsmeyen" in großen Mengen ins Haus zu holen, als Gefährdung ihres Bestandes an und erließen scharfe Verbote. Von der Umweltbewegung wird darauf verwiesen, dass Weißtannen (zu erkennen an zwei weißen Streifen auf der Nadel-Unterseite) besonders vom Baumsterben betroffen sind. Sollten wir uns also lieber einen wieder verwendbaren Plastikbaum ins Wohnzimmer stellen? Nein, denn unser Angebot an Weihnachtsbäumen stammt mindestens zur Hälfte aus dem forstwirtschaftlich notwendigen „Läutern": Die Jungpflanzen machen sich gegenseitig Licht und Nährstoffe streitig, so dass die schwächeren von Zeit zu Zeit geschlagen werden müssen. Die neue Mode, einen Baum im Topf zu leihen, ist übrigens ökologisch eher widersinnig: Die Bäumchen dürfen nicht zu lange in der Wärme stehen, sonst droht bei Wiederaussetzung ein Kälteschock, Wachstropfen vertragen sie auch nicht – und wenn sie tatsächlich wieder ausgepflanzt werden, breiten sich ihre Wurzeln für eine Wiederverwendung viel zu stark aus.

Andere Weihnachtspflanzen

Sie waren die heilige Pflanze der Druiden und werden heute in Massen auf den Märkten angeboten: Die *Misteln*. Kein Wunder, dass sie ihre Zauberkraft verloren haben, denn sie mussten dafür ja auf Eichen wachsen, mit einer goldenen Sichel geschnitten sein und dürfen niemals den Boden berühren (wie wir aus den Asterix-Heften wissen). Die hier angebotenen „Schmarotzer" (jeweils eigene Arten siedeln auf verschiedenen Wirtsbäumen) kommen meist von Pappeln, werden mit einer profanen Säge geerntet und auf den Boden neben dem Marktstand ausgebreitet. Immerhin: Wer die englische Sitte, sich „under the mistletoe" zu küssen, übernimmt, kann womöglich doch ein Wunder erleben.

Als weitere Weihnachtspflanze wird die *Mimose* gern in Adventskränzen oder -gestecken verarbeitet. Sie kommt entweder von der französischen Mittelmeer- oder der Atlantikküste. Dort herrscht zur Weihnachtszeit eher feuchtes Klima, so dass die Pflanzen in einem Wintergarten oder einem anderen unter 10° C temperierten Raum besser halten und ihre gelben Blütenbällchen nicht gleich braun werden.

Der Spitzenreiter unter den vorweihnachtlichen Pflanzen, der *Weihnachtsstern*, wird auf Mexikos Hochebenen als Strauch bis zu fünf Meter hoch. Jeder bundesdeutsche Haushalt hat sich, statistisch gesehen, im letzten Jahr mindestens einen Weihnachtsstern gekauft, das macht zusammen rund 35 Millionen. Ein Tipp vom Gartenexperten: Die Hochblätter (über denen die kleinen, gelb gefärbten Blüten sitzen) bekommen ihre im Frühjahr verblasste rote Farbe nur dann wieder, wenn die Pflanze zehn Wochen vor dem nächsten Weihnachtsfest mindestens 14 Stunden täglich völlig dunkel steht. Ihr Name erklärt sich aus der Zeit, in der sie sich in voller roter Pracht zeigt.

Auch das noch!

Ein Mythos ist von Forstwissenschaftlern der Dresdner TU im Experiment widerlegt worden: Ein kurz vor Vollmond angesägter Baum nadelt genauso schnell wie ein zu anderer Zeit geschlagener. Die Dresdener klärten gleich noch eine andere Frage: Die Zweige allein mit frischem Wasser zu besprühen, hilft wenig gegen das Nadeln. Wirkungsvoller ist es, dem Wasser Geschirrspülmittel zuzusetzen. Das oberflächenentspannte Wasser dringt dann leichter in die Zellen ein.

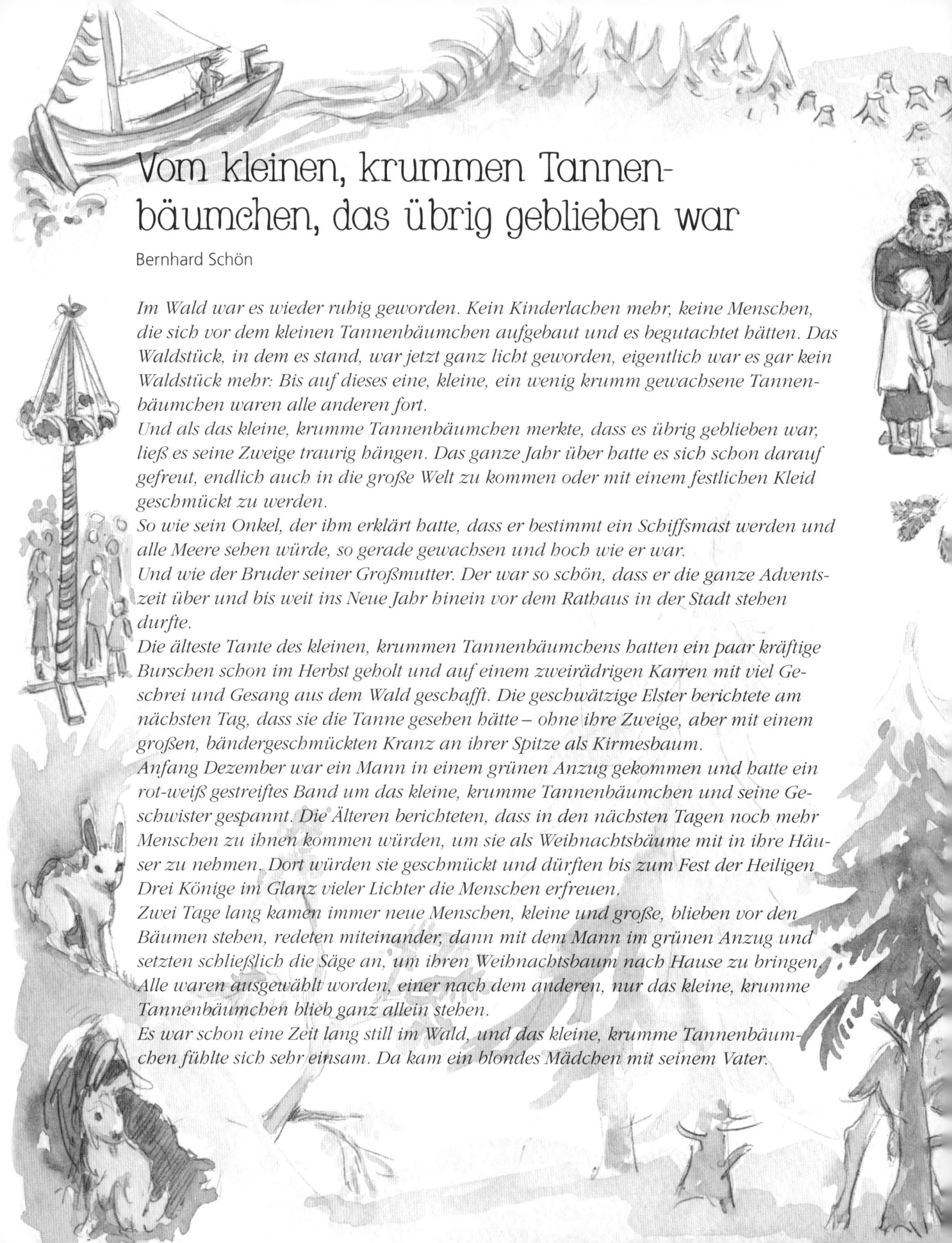

Vom kleinen, krummen Tannen- bäumchen, das übrig geblieben war

Bernhard Schön

Im Wald war es wieder ruhig geworden. Kein Kinderlachen mehr, keine Menschen, die sich vor dem kleinen Tannenbäumchen aufgebaut und es begutachtet hätten. Das Waldstück, in dem es stand, war jetzt ganz licht geworden, eigentlich war es gar kein Waldstück mehr: Bis auf dieses eine, kleine, ein wenig krumm gewachsene Tannen- bäumchen waren alle anderen fort.

Und als das kleine, krumme Tannenbäumchen merkte, dass es übrig geblieben war, ließ es seine Zweige traurig hängen. Das ganze Jahr über hatte es sich schon darauf gefreut, endlich auch in die große Welt zu kommen oder mit einem festlichen Kleid geschmückt zu werden.

So wie sein Onkel, der ihm erklärt hatte, dass er bestimmt ein Schiffsmast werden und alle Meere sehen würde, so gerade gewachsen und hoch wie er war.

Und wie der Bruder seiner Großmutter. Der war so schön, dass er die ganze Advents- zeit über und bis weit ins Neue Jahr hinein vor dem Rathaus in der Stadt stehen durfte.

Die älteste Tante des kleinen, krummen Tannenbäumchens hatten ein paar kräftige Burschen schon im Herbst geholt und auf einem zweirädrigen Karren mit viel Ge- schrei und Gesang aus dem Wald geschafft. Die geschwätzige Elster berichtete am nächsten Tag, dass sie die Tanne gesehen hätte – ohne ihre Zweige, aber mit einem großen, bändergeschmückten Kranz an ihrer Spitze als Kirmesbaum.

Anfang Dezember war ein Mann in einem grünen Anzug gekommen und hatte ein rot-weiß gestreiftes Band um das kleine, krumme Tannenbäumchen und seine Ge- schwister gespannt. Die Älteren berichteten, dass in den nächsten Tagen noch mehr Menschen zu ihnen kommen würden, um sie als Weihnachtsbäume mit in ihre Häu- ser zu nehmen. Dort würden sie geschmückt und dürften bis zum Fest der Heiligen Drei Könige im Glanz vieler Lichter die Menschen erfreuen.

Zwei Tage lang kamen immer neue Menschen, kleine und große, blieben vor den Bäumen stehen, redeten miteinander, dann mit dem Mann im grünen Anzug und setzten schließlich die Säge an, um ihren Weihnachtsbaum nach Hause zu bringen. Alle waren ausgewählt worden, einer nach dem anderen, nur das kleine, krumme Tannenbäumchen blieb ganz allein stehen.

Es war schon eine Zeit lang still im Wald, und das kleine, krumme Tannenbäum- chen fühlte sich sehr einsam. Da kam ein blondes Mädchen mit seinem Vater.

Als sie in der Nähe stehen blieben, hörte das kleine, grüne Tannenbäumchen, dass die Kleine schniefte und weinte. Der Mann sah auch sehr unglücklich aus.

„Nina, du weißt doch, dass wir uns dieses Jahr keinen Baum leisten können. Dafür bekommst du aber etwas Schönes geschenkt, da wirst du dich freuen." Tröstend strich er dem Mädchen über das Haar.

„Aber es ist so traurig. Und den Christbaumschmuck und die Kerzen haben wir doch im Keller", schluchzte Nina.

„Schau mal, da ist ein kleiner Tannenbaum übrig geblieben." Der Mann versuchte, seine kleine Tochter abzulenken und machte sie auf das Bäumchen aufmerksam.

„Oh, es steht ja jetzt ganz allein hier draußen. Da ist es bestimmt furchtbar einsam." Nina hatte schon wieder Tränen in den Augen.

„Pass mal auf, Nina, ich mache dir jetzt einen Vorschlag. Aber du darfst dich dann hinterher nicht beschweren, wenn es dir zu kalt wird!"

„Nein, bestimmt nicht. Was ist es denn? Kriegen wir doch einen Weihnachtsbaum?" Nina trat vor Ungeduld von einem Fuß auf den anderen.

„Was hältst du davon: Wir holen unseren Christbaumschmuck aus dem Keller. Am Heiligabend, wenn wir in der Kirche gewesen sind, packen wir ihn zusammen, gehen hierher und schmücken das kleine Bäumchen. Wir singen unsere Lieder, und dann setzen wir uns da drüben auf die großen Baumstümpfe und essen zusammen. Was meinst du, wollen wir dieses Jahr Weihnachten im Wald feiern?"

„Au ja", rief Nina begeistert. „Aber das Bäumchen muss weiter geschmückt bleiben, wie sonst bei uns zu Hause. Dann besuchen wir es jeden Tag und zünden die Kerzen an."

Diese Idee gefiel auch Ninas Vater.

So bekam das kleine, krumme Tannenbäumchen doch noch sein Festtagskleid. Es sah einfach wunderschön aus mit den vielen silbernen und goldenen Kugeln und den roten Kerzen. Die Kunde von dem schönen Weihnachtsbaum hatte sich schnell im Wald herumgesprochen, und die Tiere kamen von weit her, um ihn zu bestaunen. Und als Nina mit ihren Eltern im Neuen Jahr den Christbaumschmuck wieder abholte, versprach sie dem kleinen, krummen Tannenbäumchen, dass sie jetzt immer Weihnachten im Wald feiern würden.

Es ist kalt, so kalt, so kalt

Musik und Text: Reinhold Alexander und Ralf Kiwit

Nr. 19

Es ist kalt, so kalt, so kalt, da frie-ren selbst die Tie-re im weiß ge-schnei-ten Wald. Im sei-ner Höh-le friert so-gar der Bär und träumt von Ho-nig- bie-nen, die liebt der Bär so sehr. Und träumt von Ho-nig- bie-nen, die liebt der Bär so sehr.

1. Es ist kalt, so kalt, so kalt,
da frieren selbst die Tiere im weiß geschneiten Wald.
In seiner Höhle friert sogar der Bär
und träumt von Honigbienen, die liebt der Bär so sehr.

2. Es ist kalt, so kalt, so kalt,
da frieren selbst die Tiere im weiß geschneiten Wald.
Die Hasen nehmen sich in ihren Arm
und reiben sich die Näslein und ihre Ohren warm.

3. Es ist kalt, so kalt, so kalt,
da frieren selbst die Tiere im weiß geschneiten Wald.
Die Mäuse bauen sich ein warmes Nest
und träumen dort von Nüssen zum Mäuseweih-
    nachtsfest.

4. Es ist kalt, so kalt, so kalt,
da frieren selbst die Tiere im weiß geschneiten Wald.
Die Rehe staksen durch den tiefen Schnee,
sie träumen von dem Frühling, von Gras und
    frischem Klee.

5. Es ist kalt, so kalt, so kalt,
da frieren selbst die Tiere im weiß geschneiten Wald.
Doch freun sich über dieses kalte Weiß:
die Enten laufen Schlittschuh auf blitzeblankem Eis.

Rasselhandschuhe

Material: Kronkorken, Hammer, Nagel, Nadel und Faden

Ein paar Kronkorken mit dem Hammer flach klopfen.

Mit einem Nagel jeweils ein Loch in die Mitte bohren.

Alle Kronkorken an einem Faden auffädeln und diesen so an einen Handschuh nähen, dass die Rasselkette locker hängt und die Scheiben gegeneinander schlagen.

Beim Spiel die Handschuhe anziehen und die Hände im Rhythmus des Liedes bewegen.

Der Klang ist zart und leise, wenn nur wenige Kronkorken aufgefädelt sind.

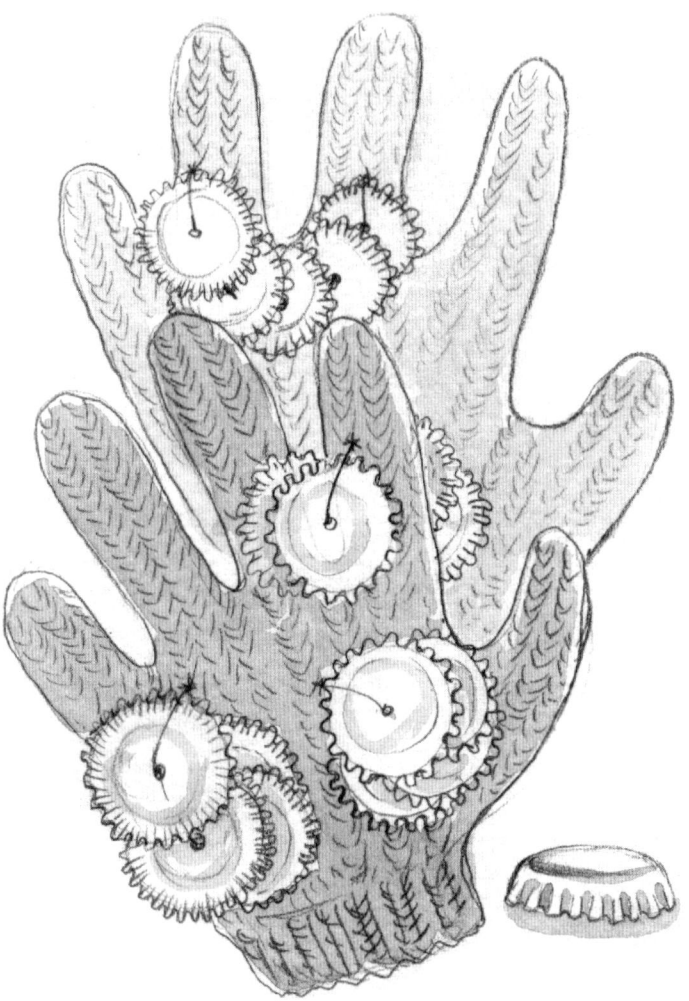

Eislaternen

Eine ganz besondere Laterne, die nur gelingt, wenn es draußen unter 0° C ist.

Material: Wassereimer oder Behälter (das Gefäß muss am Rand glatt und zur Öffnung hin weiter sein als am Boden, damit später das Eis herausrutschen kann), Lappen, Kochlöffel, Kerze oder Teelicht

Eimer zu $^2/_3$ mit Wasser füllen und ins Freie stellen.

Über Nacht gefriert das Wasser an der Gefäßwand, am Boden und an der Oberfläche. Es gefriert also nicht zu einem dichten Eisblock, sondern ist ein Eisgefäß mit Wasser im Inneren. Das Gluckern des Wassers im Inneren ist zu hören, wenn man das Gefäß hin und herschaukelt. Manchmal sind auch noch Luftblasen unterhalb der Eisdecke zu sehen.

Nun über dem Spülstein einen Lappen ausbreiten, den Eimer vorsichtig darüber auskippen, so dass der Eiskörper langsam aus dem Behälter herausrutschen kann. Eventuell mit der Hand den Eiskörper auffangen, um zu verhindern, dass er auf dem Spülstein aufprallt und zersplittert.

Dann mit dem Kochlöffelstiel den Eisboden aufklopfen und das Wasser herausschütten.

Fertig ist die Eislaterne. Sie sollte schnellstens wieder ins Freie gestellt werden, damit sie nicht schmilzt.

Wenn es dunkel ist, eine Kerze oder ein Teelicht hineinstellen. Jetzt glitzern und leuchten die eisigen Wände.

Tipp

Sollen die Laternen an einen anderen Ort, dann am besten in dem Eimer tragen, in dem die Laterne zu Eis gefroren ist.

Weihnachtslaterne

Diese Laterne ist wind- und wetterfest und für einen Lichterschmuck im Freien gut geeignet.

Material: leere Konservendosen, Kantholz (ca. 2 cm dick), Hammer, Nagel, Kerzenhalter speziell für Laternen, Draht, Zange, Goldbronze, Pinsel, Stab zum Aufhängen der Laterne; evtl. 1 Lappen und ein paar Holzscheite

Wenn möglich, sollte an der Werkbank gearbeitet werden. Dabei das Kantholz an der Werkbank so festklemmen, dass es 15 cm übersteht.

Die Konservendose über dieses Holz schieben und von außen her mit Nagel und Hammer viele Löcher einschlagen, bunt durcheinander oder in Linien oder Kreisen angeordnet.

Darauf achten, dass nur an der Stelle der Blechbüchse Löcher eingeschlagen werden, die gerade über dem Kantholz liegt. Also bei der Arbeit die Dose immer ein wenig weiterdrehen, um an anderer Stelle Löcher einzuschlagen.

Die Konservenbüchse mit der Öffnung nach unten aufstellen und in den Boden zwei Schlitze mit Hilfe einer dichten Löcherreihe einhämmern. Die Schlitze müssen so lang sein, dass der Kerzenhalter eingeklemmt werden kann.

Am oberen Rand der „Laternenbüchse" gleichmäßig verteilt drei Löcher für die Aufhängevorrichtung einschlagen.

Die Laterne mit Goldbronze anmalen.

Drei Drähte, ca. 30 cm lang, abzwicken, jeweils durch ein Loch am Rand ziehen und festklemmen.

Alle drei Drähte miteinander so verdrillen, dass die Laterne gerade hängt.

Die Laterne mit einem extra Draht an dem Stab befestigen.

Tipp

Wenn keine Werkbank zur Verfügung steht, die Konservendose auf einen zusammengefalteten Lappen legen, damit sie bei der Arbeit nicht wegrutscht, und zur Stabilität beim Löchereinschlagen in die Dose ein paar Holzreste oder Holzscheite stecken.

In den Blumentopf einen langen Tannenzweig stecken, und zwar so, dass er am Bodenloch des Topfes herausschaut.

Daran eine Schnur zum Aufhängen befestigen. Für die Vogelfuttermischung Kokosfett in einem Kochtopf leicht erwärmen, dann Sonnenblumenkernen, Haferflocken und Hirsekörner unterrühren. Die Mischung abkühlen lassen, in den Blumentopf füllen und an der Oberfläche verstreichen.

Sternenanhänger

Material: sternförmige Ausstechförmchen, Alufolie, Bast, Schere

Die Ausstechförmchen auf Alufolie legen.
Die Vogelfuttermischung (s. Vogelfutter-Glocken) in die Ausstechförmchen füllen.
Die Masse an der Oberfläche glatt streichen und hart werden lassen.
Dann den Vogelfutterstern herausdrücken, mit Bast umwickeln und eine Anhängerschlaufe knüpfen.

Hagebutten-Apfel-Ketten

Material: getrocknete Apfelringe (➤ S. 118), Hagebutten, dicke Nadel, Schnur

Im Herbst gesammelte Hagebutten und getrocknete Apfelringe zu Ketten auffädeln.

Vogelfutter-Kugeln

Wenn die Kinder eine Waldweihnacht feiern, wird der Baumschmuck nach dem Fest ein Festschmaus für die Tiere des Waldes sein. Die Kinder stellen das Vogelfutter selber her.

Material: Äpfel, Draht oder Schnur

Die Kinder versehen die Äpfel am Stiel mit Draht oder umwickeln ihn mit Schnur und knoten eine Aufhängeschlaufe daran.

Vogelfutter-Glocken

Diese Glocken sind Blumentöpfe, die mit einer Vogelfuttermischung gefüllt werden.

Material: kleine Blumentöpfe, Tannenzweige, zu gleichen Teilen: Sonnenblumenkerne, Haferflocken, Hirsekörner, Kokosfett

Naturschmuck

Material: goldener Basteldraht, Schere, Goldfarbe und Pinsel, Samen, Kerne und Früchte
mit Schalen oder Hülsen (z. B. Tannenzapfen,
Kiefernzapfen, Nüsse, Eicheln, Kastanien,
Ahornsamen), Zweige oder Blätter von Büschen, Bäumen oder Kräutern, die im Winter
noch Blätter tragen (z. B. Buchsbaum, Stech-
palme, Eibe, Salbei)

Die Teile einzeln oder auch in kleinen Gruppen jeweils mit einem goldenen Basteldraht
umwickeln und eine Aufhängeschlaufe zu-
rechtbiegen.
Die Kinder können sie ganz oder nur an Ecken
oder Spitzen mit Goldfarbe anmalen.

Waldfest bei den Zwergen

*Bei diesem Würfelspiel für 2 – 4 SpielerInnen
sind kleine Zwerge die Spielfiguren. Für ein
Spiel zu zweit werden mindestens acht Zwerge,
für das Spiel zu dritt oder viert mindestens 16
Zwerge benötigt; von den Tannenbäumen so
viele, wie Zwerge im Spiel sind.*

Material: Zweige oder Rundholz (Ø ca. 1 1/2
cm), Gartenschere oder kleine Holzsäge,
rote und weiße Plakafarbe, schwarzer Filzstift,
grüner Fotokarton, Schere, Zirkel oder Teller
(Ø ca. 20 cm), weißer Zeichenkarton, Mal-
farben, Würfel

Spielfiguren

Vom Zweig bzw. Rundholz ein ca. 8 cm langes
Stück mit einem sauberen, geraden Schnitt abschneiden.
Dieses Stück in der Mitte schräg durchschneiden, so erhält man die Körper für zwei Zwerge.

Die beiden Teile auf der geraden Fläche auf-
stellen.
Die schräg abgeschnittene Fläche ist der Kopf
des Zwerges. Auf diese Fläche oben mit roter
Farbe die Zwergenmütze, unten mit weißer
Farbe den Bart, und dazwischen mit Filzstift die
Augen malen.

Tannenbäume

Auf den grünen Karton mit dem Zirkel oder mit
Hilfe des Tellers Kreise im Durchmesser von
ca. 20 cm zeichnen, ausschneiden, zur Hälfte
falten und entlang dem Falz durchschneiden.
Jeden Halbkreis zu einem spitzen Kegel zusammendrehen und festkleben.

Spielplan

Je größer der Spielplan, desto besser. In die
Mitte des Zeichenkartons einen Kreis von min-
destens 10 cm Durchmesser kennzeichnen und
an dieser Stelle ein Lagerfeuer aufmalen.
Gleichmäßig verteilt Kreise auf den Spielplan
zeichnen, so groß wie die Stellfläche der Pa-
pier-Tannenbäume und so viele, wie Bäume im
Spiel sind.
Alle Baumkreise durch Linien miteinander ver-
binden. Das sind die Wege im Zwergenwald.
Ein paar Wege führen auch zur Feuerstelle.
Auf diesen Wegen viele, etwa 2 cm dicke Punk-
te dicht nebeneinander malen. Das sind die
Spielpunkte, auf denen die Zwerge wandern.

Spielvorbereitung

Jedes Kind erhält einen Zwerg als Spielfigur
und stellt diesen auf einen beliebigen Spielpunkt des Spielplans.
Ein Kind ist gleichzeitig SpielleiterIn.
Es stellt alle Papier-Tannenbäume auf die großen Kreise und versteckt die übrigen Zwerge
unter den Bäumen.
Ein paar Bäume bleiben dabei unbesetzt.

Spielregel

Ein Kind würfelt und entscheidet danach, welchen Zwerg es auf dem Spielplan bewegen will. Die Würfelzahl gibt an, wie viele Punkte ein Zwerg auf den Spielpunkten vorrücken darf. Es darf nur in eine Richtung gegangen werden.

Zuerst haben die Spieler die Aufgabe, die versteckten Zwerge unter den Tannen zu finden. Dabei muss die Spielfigur mit passender Würfelzahl einen Baumkreis erreichen. Dann erst darf unter dem Baum nach einem Zwerg geschaut werden. Entdeckt ein Kind einen Zwerg, stellt es diesen auf einen beliebigen Spielpunkt. Der Spaß dabei: Die Spieler müssen aufpassen, unter welchem Baum bereits ein Zwerg hervorgeholt wurde und wo sich noch ein Zwerg versteckt halten könnte.

Erst wenn die Spieler alle Zwerge gefunden haben, dürfen sie die Zwerge zum Lagerfeuer führen. Dabei kann jedes Kind nach dem Würfeln selber wählen, welchen Zwerg es auf dem Spielplan bewegen will.

Auch die Lagerfeuerstelle darf nur mit passender Würfelzahl erreicht werden.

Das Spiel ist zu Ende, wenn alle Zwerge an der Feuerstelle stehen.

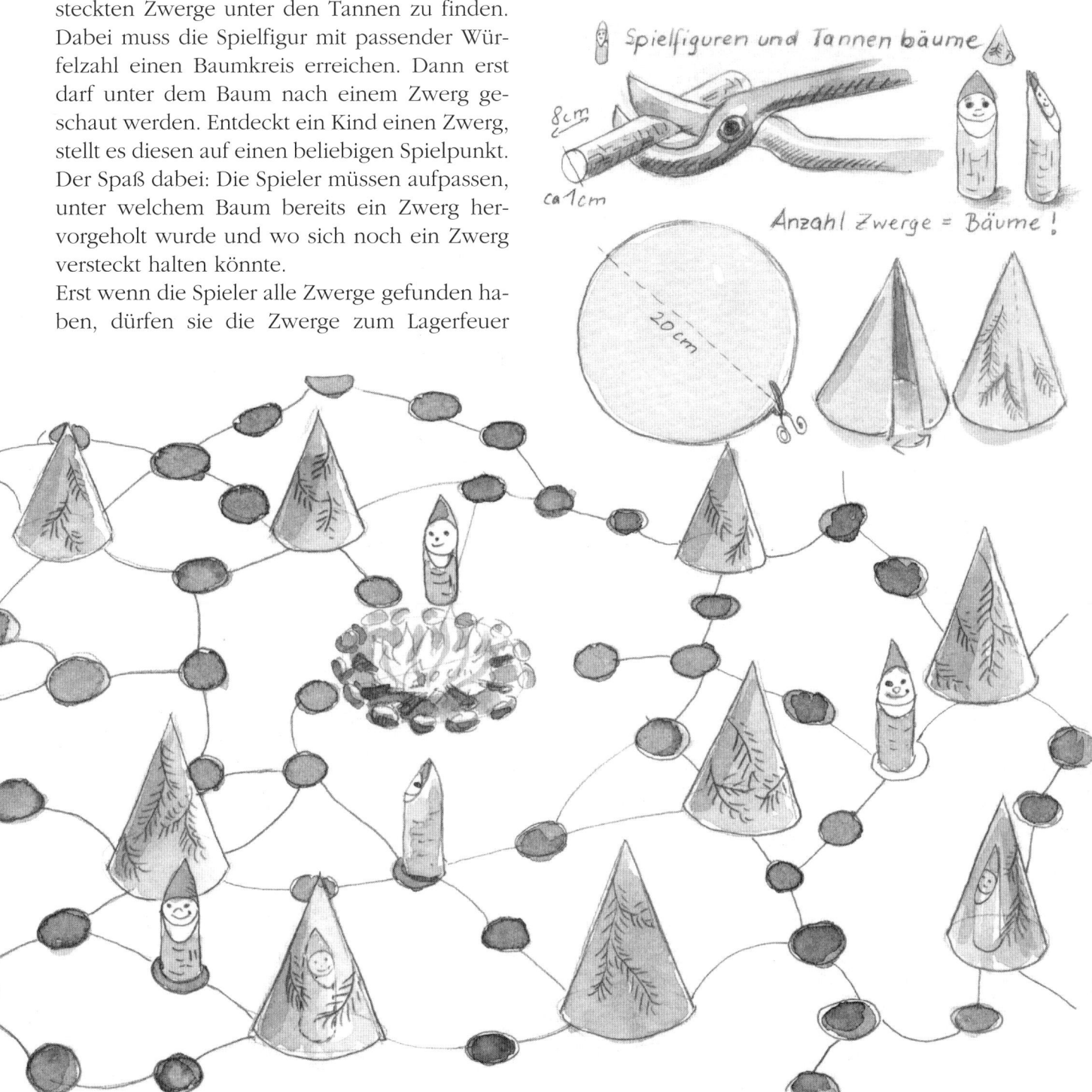

Weihnachtsbilderbuch

Material: weißes Kartonpapier, Wachsmal-stifte, Locher, Geschenkband

Die Geschichte „Vom kleinen, krummen Tannenbäumchen, das übrig geblieben war" (➤ S. 110) in einzelne Szenen aufteilen und jede Szene bildlich darstellen.
Die Kinder besprechen miteinander, wer welche Szene malt.
Zum Schluss werden die Bilder am linken Rand mehrmals gelocht und mit dem Geschenkband wie ein großes Bilderbuch zusammengebunden.
So können sich die Kinder die Geschichte gegenseitig selber erzählen und dabei im Bilderbuch blättern.

Variante
Jedes Kind macht sich sein eigenes Weihnachtsbilderbuch.

Getrocknete Apfelringe

Zutaten: Äpfel
Vorbereitung: Backofen auf 50° C einstellen

Aus den Äpfeln das Kerngehäuse ausstechen.
Äpfel in dünne Scheiben schneiden.
Apfelscheiben auf ein Backrost legen und auf die obere Schiene des Backofens schieben.
Im Backofen mindestens drei Stunden dörren lassen.
Die Apfelringe in geschlossenen Behältern aufbewahren.

Picknick-Brötchen

Zutaten: 1/8 l Milch, 40 g Margarine, 1 Prise Salz, 250 g Mehl, 1 Päckchen Trockenhefe, Eigelb (zum Bestreichen)
Vorbereitung: Arbeitsfläche bemehlen, Backblech mit Backpapier auslegen, Backofen auf 220° C vorheizen

Mit allen Zutaten einen Hefeteig zubereiten (➤ S. 30).
Den Teig gehen lassen, bis er sich verdoppelt hat.
Nach dem Gehen den Teig noch einmal kurz durchkneten, dann auf dem Backbrett zu einer etwa 5 cm dicken Rolle ausrollen.
Davon etwa 2 cm dicke Scheiben abschneiden, zu Kugeln formen, auf das Backblech legen, etwas flach drücken und mit dem Messer etwa 1 cm tief ein Kreuz einschneiden.
Die Brötchen zugedeckt 30 Minuten ruhen lassen, dabei gehen sie noch einmal auf.
Die Brötchen mit dem verquirlten Eigelb bepinseln.
Im Backofen 30 Minuten backen.
Auf dem Kuchengitter abkühlen lassen.

O Tannenbaum

Musik: altes Studentenlied, Text: A. Zarnack (1. Strophe), Ernst Anschütz (2. – 3. Strophe), 1824 ⊙ Nr. 22

1. O Tan - nen - baum, o Tan - nen - baum, wie grün sind dei - ne Blät - ter! Du grünst nicht nur zur Som - mer - zeit, nein, auch im Win - ter, wenn es schneit. O Tan - nen - baum, o Tan - nen - baum, wie grün sind dei - ne Blät - ter.

1. O Tannenbaum, o Tannenbaum,
wie grün sind deine Blätter!
Du grünst nicht nur zur Sommerzeit,
nein, auch im Winter, wenn es schneit.
O Tannenbaum, o Tannenbaum,
wie grün sind deine Blätter.

2. O Tannenbaum, o Tannenbaum,
du kannst mir sehr gefallen.
Wie oft hat doch zur Weihnachtszeit
ein Baum von dir mich hoch erfreut.
O Tannenbaum, o Tannenbaum,
du kannst mir sehr gefallen.

3. O Tannenbaum, o Tannenbaum,
dein Kleid will mich was lehren:
Die Hoffnung und Beständigkeit
gibt Trost und Kraft zu jeder Zeit.
O Tannenbaum, o Tannenbaum,
dein Kleid will mich was lehren.

Das Weihnachtsfest im Wald, zu dem die Kinder ihre Familien einladen

Sinn des Festes

Wer es kennt, weiß, dass ein Weihnachtsfest im Wald ein unvergessliches Erlebnis ist. Die Ruhe des Waldes, das leise Rauschen des Windes in den Zweigen, der feucht-erdige Geruch des Waldbodens, die fühlbare Winterkälte – das alles wirkt aufregend geheimnisvoll. Unsere Sinne sind im dunklen Wald hellwach. Das Kerzenlicht erscheint uns im Dunkeln wie ein Himmelslicht. Jedes Geräusch schallt doppelt so laut, man getraut sich kaum zu sprechen, alle flüstern. Der Gesang der Weihnachtslieder ist leise und gerade deshalb wunderschön. Wenn es etwas zu essen und zu trinken gibt, schmeckt es hier so gut wie nie.

Für Eltern, ErzieherInnen und LehrerInnen

Das wundersame Erlebnis einer Waldweihnacht sollte jedes Kind einmal haben. Eltern helfen bei den Vorbereitungen, bei der Auswahl eines Bäumchens im Wald, beim Suchen eines geeigneten Treffpunkts. Auch daran denken: das Forstamt informieren.

Einladung

Die Einladung zur Waldweihnacht mit Angaben von Ort, Zeit und einer genauen Wegbeschreibung auf einen Zettel schreiben. Diesen mit einem buntem Geschenkband umwickeln und an einen Tannenzweig hängen. Das haben die Kinder schnell gemacht. Die Kinder können ihre ganze Familie dazu einladen, denn der Wald hat Platz für alle.

Vorbereitung

Ein paar Eltern und ErzieherInnen stellen kurz vor dem Beginn Weihnachtsleuchten (➤ S. 72) oder Eislaternen (➤ S. 113) am Wegrand auf und markieren damit den Wanderweg durch den Wald.

Unterwegs

Die Familien treffen sich auf einem Parkplatz und wandern miteinander los. Die Wegstrecke zum Weihnachtsbaum im Wald kann 5 – 10 Minuten dauern.
Von Ferne leuchtet ein Lichterweg.
Auch wenn diese Laternen ungefährlich sind, sollten ein paar Erwachsene ab und zu danach schauen, ob alles in Ordnung ist. Und nicht vergessen: Nach dem Fest alle Laternen und die Kerzen aus den Eislaternen wieder einsammeln!

Baumschmuck

Der Weihnachtsbaum im Wald wird vor dem Fest von einigen Eltern oder zu Beginn des Festes von den Kindern mit Kerzen geschmückt. Dafür eignen sich am besten echte, nicht tropfende Kerzen aus Bienenwachs.
Der Baumschmuck besteht aus Vogelfutter in Form von Kugeln, Glocken und Ketten. Alles haben die Kinder eine Woche zuvor selbst gemacht (➤ S. 115).

Essen und Trinken

Das Picknick im Wald muss gut geplant werden. Entweder übernehmen ein paar Familien freiwillig diese Organisation, oder die Kinder backen Plätzchen und einen Tag vorher Brötchen (➤ S. 118). Oder alle Familien werden gebeten, ein kleines, einfaches Picknick und Tee in Thermoskannen mitzubringen.

„O Tannenbaum"
(Liedgestaltung)

Das Tannenbaumlied (➢ S. 119) ist auch den Eltern bekannt, und alle können mitsingen. Dazu eine lustige Begleitmusik mit Rasselhandschuhen (➢ S. 113).

„Es ist kalt, so kalt, so kalt"
(Liedgestaltung)

Die Strophen des Liedes (➢ S. 112) können als Handpuppenspiel vorgetragen werden, falls es entsprechende Handpuppen gibt. Ein großer Tannenzweig, den zwei Kinder halten, ist die Bühne. In jeder Strophe treten zwei Kinder mit den passenden Tierpuppen auf.

Aufführung

In der Dunkelheit des Waldes bietet sich ein Schattentheater an. Dazu wird die Geschichte vom Tannenbäumchen (➢ S. 110) oder das Weihnachtsevangelium (➢ S. 35) vorgelesen oder erzählt, und gleichzeitig spielen die Kinder mit Schattenfiguren die Szenen mit. Das Schattentheater kann ohne großen Aufwand im Wald aufgebaut und aufgeführt werden. Die Figuren dazu basteln die Kinder einige Tage vorher und proben ihre Aufführung.

Schattenbühne

Material: 60 x 80 cm großes Tuch, Wäscheleine, Wäscheklammern, starke Taschenlampe, Stabfiguren (➢ S. 56)

Leinwand

Das Tuch ist die Bühnenleinwand. Sie wird einfach über die Wäscheleine gehängt und mit Wäscheklammern festgehalten. Die Leine kann zwischen zwei Bäume befestigt oder von zwei Personen festgehalten werden. Eine starke Taschenlampe ist die einzige Bühnenbeleuchtung. Das reicht, denn die Leinwand ist klein.

Unbedingt vorher ausprobieren, wie weit die Lichtquelle von der Bühnenwand entfernt sein muss!

Schattenspiel

Die Spieler stehen unter der kleinen Bühnenleinwand und halten ihre Figuren bereit. Weil es ringsum dunkel ist, werden sie kaum gesehen. Wenn die Figuren ins Spiel kommen, halten die Spieler ihre Stabfigur hoch und bewegen sie hinter dem Tuch hin und her, je nachdem, was in der Geschichte passiert.

Bescherung

Die Bescherung kann mit diesem Überraschungseffekt inszeniert werden:
Plötzlich wird ein großer Sack, Korb oder Leiterwagen mit vielen goldglänzenden Päckchen angeleuchtet. Er steht etwas entfernt und wurde heimlich aufgestellt.
Jedes Kind nimmt sich selber ein Geschenkpäckchen.
Als Geschenke eignen sich die Bastelmaterialien samt kopierter Bastel- und Spielanleitung für das Zwergenspiel (➢ S. 116) oder eine kleine Taschenlampe.

Zum Feiern zu Hause

Jede Familie bekommt eine Tüte, gefüllt mit selbst gebasteltem Christbaumschmuck aus Naturmaterial (➢ S. 118), als Erinnerung an das Weihnachtsfest im Walde.

Familien-Treffpunkt

Von Weihnachten bis Silvester bleibt der Weihnachtsbaum im Wald ein täglicher Treffpunkt zu einer vereinbarten Zeit (z. B. 14 – 15 Uhr) als Angebot für die Familien. Wer kommt, bringt etwas mit: ein warmes Getränk, etwas zum Naschen, etwas zum Spielen oder Vorlesen.

Jeden Tag kann eine andere Familie die Organisation übernehmen und Essen und Trinken
mitbringen.
Vielleicht gefällt dieses Treffen einigen Famili-
en so gut, dass sie beschließen, ihre Silvester-
party dieses Jahr auf ruhig-stimmungsvolle Weise beim Weihnachtsbaum im Winterwald zu
feiern.

Anhang
Weihnachtsmärkte und -museen

Weihnachtsmärkte

Weihnachtsmärkte gibt es inzwischen fast überall während der Vorweihnachtszeit. Viele, gerade die traditionellen, wurden in den letzten Jahren immer stärker kommerzialisiert. In einigen Städten werden jedoch interessante Ideen umgesetzt. Es lohnt sich also, den Besuch genau zu planen. Auf vielen „kleinen" Märkten wird die typische Atmosphäre von Weihnachtsdüften und Selbstgemachtem, an die wir uns alle so gern erinnern, viel besser vermittelt. Wenn dann noch – wie z.B. in Idstein/Ts. – das mittelalterliche Flair restaurierter Fachwerkhäuser hinzukommt, stellt sich die richtige Stimmung ein.

Einige bekannte und beliebte Märkte

* Der Alt- oder Striezelmarkt in **Dresden** wurde zum ersten Mal 1434 urkundlich erwähnt. Er ist Deutschlands zweitältester Weihnachtsmarkt. Untrennbar mit ihm verbunden ist sein Namensgeber, der Dresdner Christstollen, auch Striezel genannt.
* Die Geschichte des **Leipziger** Weihnachtsmarkts reicht bis in das Jahr 1767 zurück. Er findet in sechs Marktbereichen statt und fügt sich harmonisch in die historische Kulisse der Leipziger Innenstadt ein. Jeden Tag wird eine weitere Tür des 857 m² großen Adventskalenders geöffnet.
* In **Lüneburg** lassen auf dem historischen Christmarkt um die St. Michaelis-Kirche Bauern, Handwerker, Händler – alle in selbst genähten Trachten und Gewändern – vergangene Zeiten wieder aufleben. In kleinen Holzbuden werden Waren feilgeboten, die es schon im 16. Jh. gab.
* Nicht nur in die Niederlande, auch nach **Wismar** kommt der Weihnachtsmann mit dem Schiff, um anschließend vom Hafen gemeinsam mit den Kindern zum Marktplatz zu ziehen. Dort gibt es auf der Weihnachtsbühne ein abwechslungsreiches Programm für die ganze Familie.
* Der Weihnachtsmarkt in **Paderborn** findet schwerpunktmäßig auf dem Dom- und Marktplatz statt. Die auf Franz von Assisi zurückgehende „Lebendige Krippe" mit Ochs und Esel wird jedes Jahr im Schatten der Marktkirche gezeigt.
* Der Christkindlesmarkt in **Nürnberg** ist der älteste und größte Weihnachtsmarkt. Es gibt eine riesige Auswahl an Rauschgoldengeln, Zwetschgenmännchen und Holzschnitzereien. Hier können die Besucher seit einigen Jahren miterleben, wie Töpfer und Glasbläser, Kerzenzieher und Silberschmiede ihre Produkte herstellen.
* Fast ebenso alt wie der Nürnberger ist der Christkindlmarkt in **München**, der als Besonderheit eine große Auswahl an Krippen zeigt, unter anderem eine Holzkrippe mit fast lebensgroßen Figuren aus Oberammergau.

Museen

* Jürgen Löschners zu DDR-Zeiten begonnene neue Sammlung umfasst inzwischen über 3500 Stücke – vom neun Millimeter kleinen bis zum größten Nussknacker der Welt: Er misst 5,87 m.

Löschners Nussknackermuseum
Bahnhofstr. 20
09544 Neuhausen
037361/4161
www.neuhausen-erzgebirge.de

* Das Krippenmuseum in Glattbach bei Aschaffenburg entstand ebenfalls aus einer Privatsammlung. Heute sind über 1400 Krippen in der Zeit vor und nach Weihnachten bis Dreikönig zu besichtigen – von internationalen Exponaten bis zu solchen aus Plastik, die es in den 1950er Jahren als Werbebeigabe beim Kauf einer bestimmten Margarine-Marke gab.

Krippenmuseum
Hauptstraße
63864 Glattbach

* Rothenburg ob der Tauber mit seinem komplett erhaltenen mittelalterlichen Stadtbild hat seit neuestem auch ein „Deutsches Weihnachtsmuseum":

Deutsches Weihnachtsmuseum
Herrngasse 1
91514 Rothenburg o. d. Tauber
09861/409365
www.weihnachtsmuseum.de

* Viele Freilichtmuseen veranstalten traditionelle Weihnachtsmärkte oder organisieren spezielle Ausstellungen, z.B. über Christbaumschmuck, so im

Freilichtmuseum Hessenpark
61267 Neu Anspach (b. Frankfurt)
06081/5880
www.hessenpark.de

Literatur

Wir nennen im Folgenden die Bücher, auf die wir uns als Quellen für Informationen gestützt haben.

* Blail, Gerhard: O du fröhliche. Die Geschichte unserer schönsten Weihnachtslieder. Stuttgart 1994 (Quell)
* Highfield, Roger: Können Engel fliegen? Die Wissenschaft der Weihnachtszeit. Reinbek 1999 (Rowohlt)
* Lentz, Michaela: Unser Weihnachtsbuch. Heidelberg 1974 (Ueberreuter)
* Mehling, Marianne: Vierundzwanzig Tage vor Weihnachten. Geschichten, Lieder und Gedichte, Brauchtum und Tipps für die Weihnachtszeit. München 1979 (Knaur)
* Natalis, Gottfried: Das Weihnachtsbuch der Lieder. Mit alten und neuen Liedern zum Singen und Spielen. Frankfurt 1997 (insel taschenbuch)
* Raabe, Lis: Alte Weihnachtsbräuche aus deutschsprachigen Ländern. München 1984 (Heyne)
* Schönfeldt, Sybil Gräfin, Lemke-Pricken, Stefan und Marie-Luise: Das große Ravensburger Weihnachtsbuch. Basteln – Backen – Kochen – Schenken – Feiern. Ravensburg 1984 (Otto Maier)
* Weber-Kellermann, Ingeborg: Das Buch der Weihnachtslieder. 151 Deutsche Advents- und Weihnachtslieder, Kulturgeschichte, Noten, Texte, Bilder, mit Klavier- und Orgelbegleitung. Mainz 1982 (Schott)
* Weber-Kellermann, Ingeborg: Die deutsche Familie. Versuch einer Sozialgeschichte. Frankfurt /M. 1974 (Suhrkamp)

AutorInnen und Illustratorin

 **Bernhard Schön**, M. A., lebt in Idstein/Taunus, war Journalist und Bildungsreferent, wiss. Mitarbeiter, Fachzeitschriften-Redakteur und Geschäftsführer eines Verlages. Seit 1988 arbeitet er als freiberuflicher Lektor, Herausgeber (u. a. für Rowohlt und Ökotopia) und Autor erfolgreicher Sachbücher für Kinder. Er wurde in seiner Kindheit von einem unsichtbaren Christkind besucht, das sich nur durch ein feines Glöckchen bemerkbar machte. Als Vater hat er gemeinsam mit seinem damals 15-jährigen Sohn im Familienrat dafür gekämpft, dass es zu Weihnachten weiter einen geschmückten Tannenbaum gab.

 **Gisela Walter** lebt in Eichenau bei München, ist Diplompädagogin, war Grundschullehrerin, später Dozentin an einer Fachschule für Sozialpädagogik, dann Redakteurin in einem Kinder- und Jugendbuchverlag. Sie arbeitet heute freiberuflich als Autorin und Lektorin, gibt seit vielen Jahren Fortbildungen für ErzieherInnen und spielt manchmal als Spielclown bei Straßenfesten mit kleinen und großen Kinderscharen.
In ihrer Kindheit hat sie die schönsten und vielseitigsten Weihnachtsfeste erlebt und möchte mit diesem Buch den Kindern heute zu ähnlich unvergesslichen Erlebnissen verhelfen.

Interesse an Vorträgen, Workshops, Veranstaltungen für Kinder?

Fragen Sie an unter: bs@buchwerk.de; www.buchwerk.de und info@gisela-walter.de; www.gisela-walter.de

 **Christiane Hannecke**, geb. 1964, studierte an der HdK Berlin Malerei, Skulptur und Grafik. Sie beschäftigte sich fünf Jahre mit Charakter- und Marionettenbau in eigener Werkstatt und leitete Kurse und Workshops für Puppenbau, Spiel und Märchenerzählen, u. a. auf Kunst- und Mittelaltermärkten. Christiane Hannecke lebt heute als frei schaffende Illustratorin, Malerin und Gestalterin in der Nähe von Würzburg.
2001 erhielt sie den Österreichischen Federhasenpreis für das beste Buch-Cover.

Register

... und dazu der Tonträger von Ralf Kiwit:

Ich freue mich noch mehr
Lieder, Gedichte und Geschichten zur Weihnachtszeit

An Weihnachten, dem schönsten Fest des Jahres, muss alles sein wie immer - und doch ein bisschen anders. „Ich freue mich noch mehr" präsentiert neben liebevoll arrangierten traditionellen Liedern wie: „O du fröhliche", „Alle Jahre wieder" und „Lasst uns froh und munter sein" eine ganze Reihe neuer Lieder, die die Stimmungen der Weihnachtszeit musikalisch wunderbar aufgreifen. Rund um Advent, den Nikolaustag und den Heiligen Abend widmen sich die Lieder und einige kurze Gedichte und Geschichten so wichtigen Fragen wie: „Wo landet ein kleiner Engel, der vom Himmelsrand fällt?" „Wie kann der Nikolaus den Kindern Süßigkeiten bringen, wenn ihm jemand die Stiefel geklaut hat?" „Was machen die Tiere, wenn es winterkalt wird im Wald?" Und: „Kann die Freude anderen etwas zu schenken vielleicht sogar größer sein, als selbst etwas geschenkt zu bekommen?"

Alle Lieder sind von Ralf Kiwit mit vielen Original-Instrumenten abwechslungsreich gestaltet. Vielfältige Kinder- und Erwachsenenstimmen nehmen uns mit auf eine stimmungsvolle Reise, die die Wartezeit bis zum langersehnten Fest angenehm überbrückt. Die CD stellt eine optimale Ergänzung zum Weihnachtsbuch „Weihnachtliche Feste anders gestalten" von Bernhard Schön und Gisela Walter dar, das auch alle Noten zu den Liedern enthält. Sämtliche Liedtexte sind im vierfarbig gestalteten Booklet enthalten.

ISBN: 3-936286-49-3

Pit Budde / Josefine Kronfli

Santa, Sinter, Joulupukki
Weihnachten hier und anderswo

Ein internationaler Ideenschatz mit Liedern, Geschichten, Bastelaktionen, Rezepten, Spielen und Tänzen

ISBN: 3-936286-04-3

Jedes Jahr feiern Millionen von Familien auf der ganzen Welt das Weihnachtsfest und besonders für die Kinder ist es das schönste Fest überhaupt. Während wir in Deutschland gemeinsam Plätzchen backen, Tannenbaumschmuck und Geschenke basteln, begehen die Menschen in vielen Ländern Weihnachten ganz anders als wir. Das Buch hilft mit vielen Liedern, Geschichten, Bastelanregungen, Rezepten und Spielen eine internationale vorweihnachtliche Atmosphäre zu schaffen. So erleben die Kinder die Advents- und Weihnachtszeit bis zu den Heiligen Drei Königen auf der ganzen Welt.

Ein fantasievoller Begleiter für Kindergarten, Kindergruppe, Grundschule und Elternhaus. Ideal für alle, die der Weihnachtszeit bunte Farbtupfer und neue Ideen einhauchen möchten.

 ... und dazu der Tonträger von Pit Budde & Karibuni:

Santa, Sinter, Joulupukki

So klingt Weihnachten hier und anderswo – in Deutsch und Originalsprachen gesungen

Neues, Vielfältiges und Altbekanntes rund um den Globus prägen die Lieder, Rhythmen, Klänge und Texte der vorliegenden CD, gesungen von Kindern und Erwachsenen aus verschiedenen Ländern - in Deutsch und Originalsprachen. Hier kann Weihnachten ganz neu und fantasievoll entdeckt und gefeiert werden.

Für die Advents- und Weihnachtszeit bis zu den Heiligen Drei Königen in Kindergarten, Tagesstätte, Grundschule, Musikschule und natürlich für zu Hause zum Mitsingen, Zuhören und Feiern.

ISBN: 3-936286-05-1

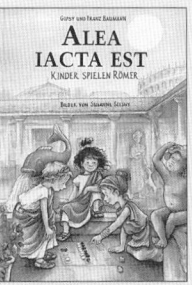
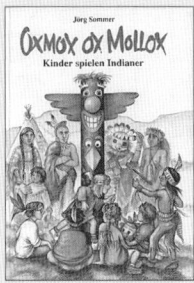

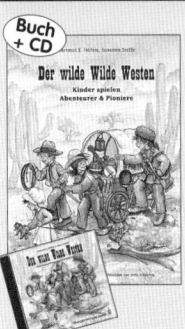

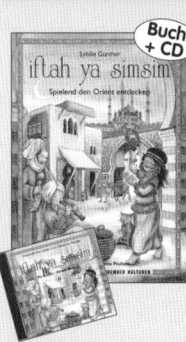